与谁都聊得来

一本书让你拥有超级口才

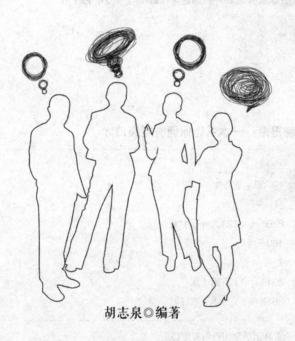

胡志泉◎编著

会聊天　聊来机会　聊来朋友　聊来顾客

吉林出版集团股份有限公司

图书在版编目（CIP）数据

与谁都聊得来：一本书让你拥有超级口才/胡志泉
编著．—长春：吉林出版集团股份有限公司，2017.12
ISBN 978-7-5581-3987-1

Ⅰ．①与… Ⅱ．①胡… Ⅲ．①口才学－通俗读物
Ⅳ．① H019-49

中国版本图书馆 CIP 数据核字（2017）第 286291 号

与谁都聊得来：一本书让你拥有超级口才

编　　著	胡志泉
责任编辑	齐　琳　史俊南
封面设计	颜　森
开　　本	880mm×1230mm　1/32
字　　数	160 千字
印　　张	7
版　　次	2018 年 11 月第 1 版
印　　次	2018 年 11 月第 1 次印刷

出　　版	吉林出版集团股份有限公司
电　　话	总编办：010-63109269
	发行部：010-69584388
印　　刷	三河市龙大印装有限公司

ISBN 978-7-5581-3987-1　　　　　　　定价：36.00 元
如出现印装质量问题，调换联系电话：010-82865588

前 言

在生活中，好口才给予的力量，能使我们在与人谈判、安慰亲朋、恋爱道歉、应对上司、求人办事等各个方面都如鱼得水，得到我们希望看到的结果。

成功学大师戴尔·卡耐基曾说："一个人的成功，仅仅有15%取决于技术知识，而其余的85%则取决于口才艺术。"可见，一个人能不能取得成功，主要取决于会不会说话，所以，掌握说话的艺术是现代人成功的必备条件之一。

善于沟通的高手，见什么人说什么话，到什么山唱什么歌，几句话就能抓住对方的心，让对方愿意听、乐意说，使双方的交流愉快而顺畅。正如现代管理学之父彼得·德鲁克所指出的那样：一个人必须知道该说什么、什么时候说、对谁说、怎么说。

要让自己变成沟通的高手，不需要你把每一句话都说得字正腔圆、无懈可击，只需要在一对一的交流接触中，通过语言的技巧和对方建立起一条直接而快速的通道。

在这个世界上，我们打交道最多的是人，最难捉摸的也是人。每个人都有自己的身份、立场和性格，这就要求我们不光要有好口才，还要有一种敏锐的洞察力，把话说到对方的心坎上。

说话能体现出一个人的内涵、素质。一个说话讲究艺术魅力、讲究技巧的人，常常能说理切、举事赅、择辞精、喻世明；轻重有度、褒贬有节、进退有余地、游刃有空间；可以陶冶他人之情操，也可以成为济世之良药；可以体现个人的雄才大略，也能提高个人的社会地位。因而，一个人能否把话说得有魅力，对其人生的成败是非常重要的。

不懂得说话技巧，你有可能会失去机会、朋友和顾客，甚至会给自己惹来一身的麻烦。不善言谈和说话不讨人喜欢，很容易给人留下能力低下和思维匮乏的印象。这样的人不管处在哪一个社会层面，也不管走到哪里，都不会得到足够的器重和赏识，甚至只能沦为无足轻重的边缘人。

很多人认为，说话很容易，两片嘴唇碰一碰，语言便生成了。以为口齿伶俐便是会说话，以为言语优美便是口才好，以为一味去称赞别人、拍别人的马屁就是一个八面玲珑的人，这其实是一个理解上的错误。就像见到男的就叫"帅哥"，见到女的就叫"美女"一样拙劣，不仅不会让听话者感受到一丝快意，反而会让对方感到不舒服，会认为你过于轻浮。

想把话说得有水平，说得有意思，说得有创意，跟任何人都聊得来，不是那么容易的事情，而要做到口吐莲花、能言善辩、巧舌如簧、打动人心就更加困难了。

正是基于以上的考虑，本书应运而生。本书共分十三章，从技术角度和实践应用方面切入，教会大家如何说话能受他人的欢迎，如何说话能使自己更具影响力，如何说话能解决问题。

本书的一大特点是有实例有论述，不会因有论无证而无操作性，也不会因有证无论而没有内涵。

说话要讨人喜欢，要因时、因地、因人、因事。学会在错综复杂的说话情境中讨人喜欢的秘诀，把握住赢得更多机遇、获得更大利益的机会，是本书的根本目的。

人的一生大部分时间都在社交中度过，话语交流每时每刻都伴随着你。会说话是你生活的调味剂，是你事业的推进器，是你家庭的和谐曲，也是你实现自我的凯旋曲。只要掌握最有魅力的说话艺术，一个平凡普通的人也能为自己打开一片广阔的天地，最终走向成功，走向辉煌。

目 录

第八章　说好赞美话，找到对方闪光点 / 115

第九章　说好批评话，才能让人听进去 / 131

第一章　说好礼节话，为你的形象加分

一个"您"字价值千金

想让你的谈话取得良好的效果或效益吗？那么，在你与他人交谈时，请选择他们感兴趣的话题。什么是他们最感兴趣的话题呢？是他们自己！

当你与人们谈及他们自己时，他们就会兴致勃勃，且完全着迷，对你的好感也会油然而生。这是因为当你与人们谈及他们自己时，你是在顺应人性；当你与人们谈论你自己时，你是在违背人性。

你真的想成为最会说话的人吗？那么，从现在起，把这几个词从你的词典中删除——"我，我自己，我的"，你要开始用另一个词，一个人类语言中最有力的词来代替它们——"您"！例如，"这是给您做的""您会从中得到好处""假如您这么做，您将会受益无穷""这将会给您的家庭带来欢乐"，等等。

当你能放弃谈论自己、放弃使用"我，我自己，我的"这几个词时，你的办事效率，你的影响力、号召力将会大大提高。虽然要做到这一点是有难度的，而且需要不断的练习，但是，

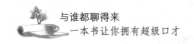

一经付诸实践，它给予你的回报，将会让你觉得这样做非常值得。

还有一种利用"人们关心自己"这一特点的方式，是让人们谈论他们自己。这时，你会发现人们热衷于谈论自己胜过任何话题。要是你能够巧妙地引导人们谈论他们自己，他们将会很喜欢你。

你可以尝试这样问他们：

"您的家人好吗？"

"您的孩子近来好吗？"

"您的女儿现在住哪里？"

"您在这家公司工作很长时间了吧？"

"这是您的'全家福'吗？"

"您认为……怎么样？"

"您旅途愉快吗？"

"您与您的家人一起去吗？"

"这是您的家乡吗？"

大多数人很难对别人产生影响力或号召力，是由于他们总是忙着考虑自己、谈论自己、表现自己。但是，请记住这样一个事实：你是否对谈话感兴趣并不重要，重要的是你的听众是否对谈话感兴趣。除非你不想成为会说话的人，除非你想把自己的人际关系搞坏。所以，当你与人谈话时，更多地谈论对方，并引导对方谈论他们自己。这样，你就一定能够成为一名最受欢迎的会说话的人。

当然，要注意有时候"您"字可以换成"你"字，这需要视情况而用。

精彩地说出自己的名字

在向陌生人做自我介绍时，首先要做的就是自报姓名，但许多人在这方面却做得不太好，在介绍时只是简单地报出自己的姓名，就自以为介绍已经完成。这样的介绍肯定算不上有技巧，也许过了三五分钟，别人就已经把你的姓名忘得一干二净，这样也就无法给别人留下深刻的第一印象。

一个人的姓名，往往拥有丰富的文化内涵，或折射凝重的史实，或反映时代的乐章，或寄寓双亲对子女的殷切厚望。因此，推衍姓名能令人对你印象深刻。

1. 利用名人式

在新生见面会上，代玉做自我介绍时说："大家都很熟悉《红楼梦》里多愁善感的林黛玉吧，那么就请记住我，我叫代玉。"

再如，王琳霞："我叫王琳霞，和世界冠军王军霞只差一个字，所以，每次王军霞获得世界冠军时，我也十分激动。"

利用和名人的名字相近来介绍自己的名字的方式，关键是所选的名人必须是大家都知道的，否则就起不到效果。

2. 自嘲式

比如，刘美丽介绍自己时说："不知道父母为何给我取美丽这个名字。我没有标准的身高，也没有苗条的身材，更没有漂亮的脸蛋，外表与美丽没有任何关系。不过我想这大概是父母希望我虽然外表不美丽，但不要放弃对一切美丽事物的追求吧。"

3. 自夸式

比如，李小华介绍自己时说："我叫李小华，木子李，大小的小，中华的华。是几个没有任何偏旁的、简单的字，就如我本人，简简单单、快快乐乐。但简单不等于没有追求，相反，我是一个有理想并执着的人，在追求理想的路上我快乐地生活着。"

4. 联想式

比如，一个同学叫萧信飞，他便这样做自我介绍："我姓萧，

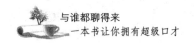
叫萧信飞。萧何的萧，韩信的信，岳飞的飞。"绝大多数人对"萧何月下追韩信"的典故和民族英雄岳飞都很熟悉，这样，大家对他的名字当然就印象深刻了。

5. 姓名来源式

比如，陈子健："我还未出生，我的名字就在我父亲的心中了。因为他很喜欢这样一句古语'天行健，君子以自强不息'，于是毫不犹豫地给我取了这个名字，同时希望我像君子一样自强不息。"

6. 望文生义式

比如，秦国生："我是秦始皇吞并六国时出生的，我叫秦国生。"

与其他方法相比，望文生义法有更大的发挥余地，例如下面的几例：

夏琼——夏天的海南，风光无限。

杨帆——一帆风顺，扬帆远航。

皓波——银色的月光照在水波上。

秀惠——秀外"惠"中，并非虚有其表。

7. 理想式

比如，向红梅："我向往像红梅一样不畏严寒、坚强刚毅，在各种环境中都努力上进，尤其是在艰苦的环境里，更要绽放出生命的美丽。"

8. 释词式

即从姓名本身进行解释。比如，朱红："朱是红色的意思，红也是红色的意思，合起来还是红色。红色总给人热情、上进、富有生命力的感觉，这就是我的颜色！

9. 利用谐音式

比如，朱伟慧："我的名字读起来像'居委会'，正因为如此，大家尽可以把我当成居委会，有困难的时候来反映反映，本居委会力争为大家解决。"

10. 调换词序式

比如，周非："把'非洲'倒过来读就是我的名字——周非。"

11. 激励式

比如，展鹏在新生见面会上说："同学们，我们从五湖四海来到这里，为了什么？不就是为了好好学习，今后在社会这片广阔的天空中自由翱翔吗？"

12. 摘引式

比如，任丽群："大家都知道'鹤立（丽）鸡群'这个成语，我是人（任），更希望出类拔萃，所以，我叫任丽群。"

总之，自我介绍是有很大发挥空间的，我们应该想方设法把它丰富起来，不要放过任何一个吸引他人注意的机会。

适当地表达你的关怀体贴

对人关心和体贴，自然会让人感到温暖。多说这一类的话，会赢得真心的感动和感激。体贴，代表了对别人的爱护、关切和照顾。"只要人人都献出一点爱，世界将变成美好的人间。"对别人体贴就是对别人献出爱，别人受爱的感化，也会以爱相回报。体贴的话会换来友爱，换来真诚，而"友爱"和"真诚"是每个人都需要的。

此外，你平时对别人表现出的关怀，还会成为你求别人办事的一种途径。想想你平时对别人那么好，谁还能拒绝为你办些事情呢？

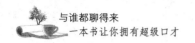
在与别人交往时，怎样表达出自己的关怀之情呢？你可以参考下面的几种方法。

1. 示之以鼓励

给遇到磨难或陷于某种困境的人指出希望，让他们振作精神，使他们乐观地从困境中走出来，他们会对你的善意表示感激。

2. 示之以关心

不拘位卑位尊，贫贱富贵，人人都珍视感情。在必要的时候向别人表示关爱的感情，别人也会把同样的善意之球抛掷给你。

3. 示之以同情

如果周围的人遇到了什么挫折和不幸，我们真诚地给以同情的表示，可以让他们感受到我们对他们的体贴和关心，这样就能多少减轻一些他们内心的痛苦。

当然，同情不是无原则的附和。如果对方的情绪产生于错误的判断，就不应当随便表示同情，以免助长其错误情绪。比如说评定奖金，张三因劳动态度不好而未评上一等奖，发起了牢骚，你如果在这时表示同情，那就等于助长他的错误思想，也不一定会起到安慰的作用，这时需要的是劝导他正确对待，好好工作，下次争取。

相信不管采用什么办法，只要你的话语中充满了关怀之情，对方就一定会被你折服，你们的友谊也会更加牢固。

安慰他人，多说理解的话

近些年流行一个词：郁闷。也就是说，碰到了不顺心的事情，心情不好。人生在世，十有八九都不是一帆风顺的，因此经常会碰到正处在郁闷中的人。多说理解的话，对郁闷之人来说是最好的安慰。

要想对郁闷的人说些理解的话，首先要弄清他们为什么郁闷。如果不知道原因，随便地安慰一气，就可能火上浇油。有这样一则笑话：

有一个妈妈带着她的小宝贝外出游玩，在火车上哄着她的宝宝。有一个乘客很好奇，把头凑过来看了就说："哇！好丑的宝宝！"妈妈听了很难过，就一直哭。

后来车子停在某个小站，上来一些新的乘客。有一个好心的乘客看她哭得这么伤心，就安慰她说："你为什么哭得这么伤心呢？凡事都要看开点，没有解决不了的事情。好了，好了，不要再哭了。我去帮你倒杯开水，心情放轻松点。"过了一会儿，那个乘客真的倒了一杯水给她说："好了，别再哭了，把这杯水喝了就会舒服点，还有这根香蕉是给你的猴子吃的。"这位妈妈听了，差点哭晕过去。

上面笑话里面的那位好心的乘客还没有弄清那位母亲为什么哭，就随便安慰一通，当然会驴唇不对马嘴，甚至还火上浇油。因此，首先应该知道别人郁闷的原因，然后对症下药，才能说出真正理解他人的话，达到安慰的目的。下面的例子就很好诠释了这一原则。

小罗是一名大学生，他很喜欢一位女同学。大家都知道这位女同学跟一个家里很有钱的男生非常暧昧，就经常劝小罗一定要小心。但俗话说"当局者迷，旁观者清"，小罗一直说那位女同学告

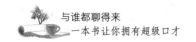
诉他了，她跟那个男生只是一般的朋友关系。

这种状态维持了半年，突然有一天晚上，小罗垂头丧气地回了宿舍，什么也没说就躺到床上。晚上熄灯很久了他还在那儿辗转反侧。第二天大家问他怎么回事，小罗伤心地说那个女孩昨晚约他出去，说从来没喜欢过他，她现在是别人的女朋友了。

大家听了七嘴八舌地说小罗，说他早就应该听大家的劝告，弄到今天是活该。只有小王默默地听着。午饭的时候他把小罗约到一个饭馆，要了两瓶啤酒，一边吃一边聊。小王告诉小罗，他自己也碰到过类似的事情，所以非常理解他。他告诉小罗，自己当时也是很难走出那种心灵的痛苦，幸好一位学心理学的同学告诉他要多出去走走，多跟人交往，不要把自己封闭起来，他照着做了之后，才在较短时间里恢复了过来。他劝小罗重新拾起信心，面对生活，好女孩非常多。

小罗听了他的话，精神稍微振奋了一些。此后，他积极地参加集体活动，加上大家也都热心帮助，他很快就恢复了乐观的生活态度。

家家都有本难念的经，如果能够互相理解，尤其是能够设身处地地站在别人的立场上想事情，那么别人就会把你当成真心朋友，赞赏你、信任你，在你郁闷的时候也会真心地理解你，说一些让你宽心的话，人际关系也会好起来。

求人办事，这样说最好

在求人办事时，往往会出现这样的情况：同样的请求内容，不同的人，用不同的方法和语言表达出来，得到的结果常常是不一样的。那么，怎样才能使被求者乐意答应自己的请求呢？

掌握几种求人的语言技巧是非常有必要的。下面介绍的几种求人的语言技巧，也许有助于你的请求获得最理想的答复。

1. 以情动人

这种方法一般用于比较大的或较为重要的事情上。把对人的请求融入动情的叙述中，或申述自己的处境，以表示求助于人是不得已之举；或充分阐明自己所请求之事并非与被请求者无关，以使对方不忍无动于衷、袖手旁观。

2. 先"捧"后求

所谓"捧"在这里是指对所求人的恰到好处、实事求是的称赞，并不包括那种漫无边际、肉麻的吹捧。任何人都不会拒绝别人的赞美，所以求人时说点对方乐意听的话，不失为一种求人的好办法。

3. "互利"承诺

天底下没有免费的午餐，因此求人时也要注意互利原则。在求人时不忘表示愿意给对方以某种回报，或将牢记对方所提供的好处，即使不能马上回报对方，也一定会在对方用得着自己的时候鼎力相助。配以"互利"的承诺，会让对方觉得他的付出是值得的，同时也会对求助者多一分好感。

4. 寻找"过渡"

倘若向特别要好和熟悉的人求助，可以直截了当、随便一点。但求助于关系一般的人、陌生人或社会地位较高的人时，则需要一个"导入"的过程。这个导入过程可长可短，具体需要视情况而定。

此外，还要尽量避免自己的话无意间冒犯对方。因此，在有求于人时应事先对对方有所了解，以避免无意间冲撞了对方。

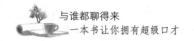

道歉重诚意也要讲技巧

与人交往时，不可避免地会说错话、做错事，使人感到不愉快。严重时，甚至会给别人造成沉重的精神负担和巨大的经济损失。对此，如果我们能及时认识到自己的错误，诚恳道歉，并主动承担责任，一般而言，是会得到别人的原谅的。

如果你错了，就要及时承认。与其等别人提出批评指责，还不如主动认错道歉，更易于获得谅解宽恕。凡是坚信自己一贯正确，发生争端总是武断地指责对方大错特错而自己从不认错道歉的人，根本不能服众。

道歉也要真诚，道歉并非受辱，而是真挚和诚恳的表现。人人都要为自己犯的错道歉，伟人也不例外。丘吉尔起初对杜鲁门的印象很坏，但后来他告诉杜鲁门说自己以前低估了他——这句话是以赞誉方式做出的道歉。道歉的时候不要为自己的过失寻找借口，以求保住自己的面子。如果这样做，只能让人觉得你没有诚意，没有诚意的道歉是不会获得他人的谅解的。

被誉为"小旋风"的流行歌手林志颖，在有一次被人问及他对"四大天王"的看法和对郭富城的印象时，故作诙谐道："四大天王嘛，我不知道。郭富城嘛，他是我爸爸吧？"

一语既出，举座哗然，人们纷纷指责他不知天高地厚。后来，他为补救失误、重塑自我形象，在接受采访时，坦然表示："说那样的话我深感遗憾。我公开向郭富城道歉。"至此，这场所谓"林氏名盲"的风波才算平息下去。

从这个事件里我们就可以看出，道歉最重要的是要真诚。内心有了真诚，即使说话不得当，也能得到别人的谅解。

道歉，不只是"对不起"这简简单单三个字，还是一种心灵美的外在表现。勇于道歉的人，是善于体谅别人、善于设身处地为他人着想的人。所以，一旦发现自己做错了，一定要及时、真诚地表达歉意，这样才能得到别人的原谅。当然，道歉也需要讲究方式方法，这样才能产生更好的效果。

1. 道歉态度要诚恳

真心实意地认错、道歉，不要寻找客观原因、做过多的辩解。即使确有非解释不可的客观原因，也必须在诚恳的道歉之后再略为解释，而不宜一开口就辩解不休。

2. 将道歉寓于赞美中

在道歉的时候，称赞对方，让对方获得一种自我满足感，知道自己是正确的，别人是错误的，这样能轻而易举地获得对方的谅解。

3. 道歉要别出心裁

直接道歉，在某些情况下可能会使自己和对方都感到尴尬，造成不太好的局面，但如果采用巧妙的方式道歉，可以使对方在惊讶感动之余，不计前嫌，欣然接受。

4. 幽默中道歉

采用风趣幽默的方式进行道歉，可以使别人更容易接受你的歉意。

5. 道歉要及时

发现自己的错误并及时道歉，才能迅速弥补言行失误带来的不良后果。

第二章　说好难言话，巧妙表达悦人心

实话巧说，给足对方面子

在生活中，说话的双方都希望对方能对自己实话实说。但在某些特定的场合下，为顾及面子、自尊，以及出于保密等情况，实话实说往往会令人尴尬、伤人自尊，因此，实话应该巧说。那么，如何才能巧妙地去表达呢？如何才能说得既让人听了顺耳，又欣然接受呢？在这里介绍几点，仅供参考。

1. 由此及彼肚里明

两个人的意见发生了分歧，如果实话实说、直接反驳有可能伤了和气，影响团结。这个时候就需要我们采取由此及彼肚里明的方法，因为这样可能会避免一些麻烦。有这样一个例子：

一次事故中，主管生产的副厂长老马左手手指受了伤被送往医院治疗，厂长老丁来病房看望时，谈到车间里小吴和小齐两个年轻人技术水平较强，但组织纪律观念较差，想让他们下岗一事。老马没有表态，只是突然捧着手"哎哟哎哟"大叫。丁厂长忙问："疼了吧？"老马说："可不是，实在太疼了，干脆把手锯掉算了。"老丁一听忙说："老马，你是不是疼糊涂了，怎么手指受了伤就想把手给锯掉呢？"老马说："你说得很有道理，有时候，我们看问题，往往会因注重了一方面而忽视了另一方面啊。老丁，我这手受了伤需要治疗，那小吴和小齐……"老丁一下子就听出了老马的弦外之音，忙说："老马，谢谢你开导我，小吴和小齐的事我知道该怎么处理了。"

老马用手有病需要治疗类比人有缺点需要改正，巧妙地把用人和治病结合起来，既没因为直接反对老丁伤了和气，又维护了团结，成功地解决了问题，实在是高明！

2. 抓心理达目的

这个方法就是要求抓住人的心理，运用激将的方法，进而达到自己真正的目的。

一位穿着华贵的妇女对一套时装很感兴趣，但又觉得价格昂贵，因此犹豫不决。这时一位营业员走过来对她说，某位女部长也看好这套时装，和她一样也觉得这套时装有点贵，刚刚离开，于是这位夫人当即买下了这套时装。

这位营业员能让这位夫人买下时装，是因为她很巧妙地抓住了这位夫人"自己所见与部长略同"和"部长嫌贵没买，她要与部长攀比"的心理，用激将的方法巧妙地达到了让夫人买下时装的目的。

3. 藏而不露巧表达

运用多义词委婉曲折地表明自己要说的大实话。

林肯当总统期间，有人向他推荐某人为阁员，因为林肯早就了解到该人品行不好，所以一直没有同意。一次，朋友生气地问他，

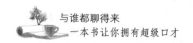

怎么到现在还没结果。林肯说："我不喜欢他那副'长相'。"朋友一惊道："什么！那你也未免太严厉了，'长相'是父母给的，也怨不得他呀！"林肯说："不，一个人超过40岁就应该对他脸上那副'长相'负责了。"朋友当即听出了林肯的话中话，再也没有说什么。

很显然，这里林肯所说的"长相"和他朋友所说的"长相"，根本不是一回事。林肯巧妙地利用词语的多义性，道出了"这个人品行道德差，我不同意他做阁员"这句大实话，既维护了朋友的面子，又达到了自己的目的。

让对方代替自己回答问题

中国有句老话是"只可意会，不可言传"，一语道破了很多无法用语言形容的景象和状况。不过，"只可意会，不可言传"毕竟只是一个托词，对于朋友家人间的一些不好回答的问题，可以用这句话搪塞过去。但在公众场合，比如领导提问、记者采访或者像外交官一样代表国家形象去回答问题，这句托词就不能用了。

如果对方问出一个让你感到非常棘手，不知如何回答的问题，该怎么办呢？不回答会显得你无知，但是回答又没有贴切的语言可以描述。这时，需要化被动为主动，让对方代替自己回答问题，即针对对方的提问，举出一个类似的事例，请对方说出其中的道理，然后回到最初的问题上，说明对方的观点正是问题的答案。一个回合下来，对方这个"系铃人"在我方的诱导下不知不觉成了"解铃人"，这样就使我方可以轻松地摆脱困境。

罗斯福第 4 次连任美国总统时，许多记者都抢着采访他，想请他谈谈连任 4 次的感想。一位年轻记者破例得到罗斯福总统的接待。罗斯福没有正面回答青年记者提出的问题，而是先请他吃了一块蛋糕。

记者获得殊荣，十分高兴，他很快便把蛋糕吃下去了。接着，罗斯福又请他吃了一块。当他刚要开口请罗斯福谈谈时，罗斯福又请他吃第三块蛋糕。青年记者受宠若惊，肚子虽饱了，但盛情难却，还是勉强吃了下去。

记者正在抹嘴之时，只见罗斯福总统微笑着对他说："请再吃一块吧！"

记者实在吃不下去了，便向罗斯福申明。

罗斯福总统笑着对他说："不需要我再谈第四次连任的感想了吧？刚才您已经亲身体验到了。"

罗斯福没有直接告诉记者自己的感受，而是让他通过连吃四块蛋糕来体会自己连任四次总统的感想，可谓高明之极。

有的话不需要说得很明白，尤其是不好回答或者不方便说的话，打个比喻，或者推托一下，对方也就明白，不会无趣地盘问下文了。

得罪人的话，绕着弯子说

在人际交际时，为了达到谈话的目的，有时需要绕一定的路。

以迂为直的策略在正面强攻不下的情况下，不失为一种灵活有效的办法。因为它结合明确的目的性与战术的灵活性，避开了对方布下的"地雷区"，同时进攻的路线又带有隐蔽性，符合对方的心理需求，所以容易在对方戒备不严的情况下，逐步使其不知不觉地接受自己的观点。下面让我们用触龙说服赵太后的例子来说明采用"以迂为直"策略的好处。

公元前265年，赵国的赵太后刚执政不久，秦国便发兵前来进攻。赵国求救于齐国。齐国提出必须让赵太后的小儿子长安君做人质，才肯发兵相救。但是，赵太后舍不得小儿子，坚决不答应。赵国危急，群臣纷纷进谏。赵太后依旧坚决地说："从今日起，有谁再提让长安君做人质，我就往他脸上吐唾沫！"大臣们便不敢再多说什么。

有一天，左师触龙要面见赵太后。赵太后认为触龙一定是为了劝谏而来，于是她便摆开了吐唾沫的架势。不想触龙慢条斯理地走上前，拜见了太后，然后关心地说："老臣的脚有毛病，行走不便，因此好久未能来见您，不过我担心太后您的玉体，今天特地来看望。最近您过得如何？饭量没有减少吧？"

太后答道："我每天都喝粥。"触龙又说："我近来食欲缺乏，但我每天坚持散步，饭量才有所增加，身体也渐渐好转。"赵太后听触龙每句话都不提人质的事，怒气渐渐消了。两人于是亲切、融洽地聊了起来。

聊着聊着，触龙向赵太后请求道："我的小儿子叫舒祺，最不成才，可是我偏偏最疼爱这个小儿子，所以恳求太后允许他到宫中当一名卫士。"太后问触龙："他几岁了？"触龙答："15岁。他年岁虽小，可是我想趁我在世时，赶紧将他托付给您。"

赵太后听到触龙这些爱怜小儿子的话，深有同感，便忍不住与他闲谈，说："真想不到你们男人也疼爱小儿子呀！"触龙说："恐怕比你们女人还更甚呢！"太后不服气地说："不，还是女人更爱小儿子。"

触龙见时机已到，于是把话题引申一步，说道："老臣认为您爱小儿子爱得不够，远不如您爱女儿那样深。"太后不同意触龙的这个说法。

触龙解释道："父母爱孩子，必须为孩子做长远的打算。想当初，您送女儿远嫁燕国时，虽然为她的远离而伤心，可是又祈祷她不要有返国的一日，希望她的子子孙孙相继在燕国为王。您为她想得这样长远，这才是真正的爱。"

太后信服地点了点头。触龙接着说："您如今虽然赐给长安君许多土地、珠宝，但若不使他有功于赵国，您百年之后，长安君能自立吗？所以我说，您对长安君不是真的爱护。"

赵太后被触龙这番话说得心服口服，她立即吩咐给长安君准备车马、礼物，送他去齐国当人质，并催促齐国出兵。齐国很快出兵解了赵国之围。

触龙说服赵太后的方法，便是运用以迂为直的策略。

有人说，拐弯抹角的话我可不喜欢听，我还是希望别人有什么话就直接告诉我，不然来回绕弯子多耽误大家时间，还不一定能达到良好效果。可是，有时候有些话直接说出来不仅让对方接受不了，还会给自己招来祸端。记住：得罪人的事或者不好听的话，要尽量绕弯子让对方明白。

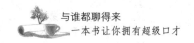

找个挡箭牌，推掉为难之事

有时对方提出的要求并不是不合理，只是我们因为条件的限制无法予以满足。面对这种情况，拒绝的言辞可采用"先承后转"的形式说出来，使其精神上得到一些宽慰，以减少因遭拒绝而产生的不愉快。例如，一家公司的经理对一家工厂的厂长说："让我们公司做你们的经销商，以我们的名气和你们的实力来打造一个全新的大品牌，你看怎么样？"厂长回答："这个设想很不错，只是目前条件还没有成熟。"这样既拒绝了对方，又给自己留了后路。

对对方的请求，最好避免一开口就说"不行"，而是要表示理解、同情，然后再据实陈述无法接受的理由，以此获得对方的理解，使其自动放弃请求。

李毅和王静是大学同学，两人毕业后一直没有来往。一天，王静突然向李毅提出借钱的请求，使李毅很犯难。李毅这几年做生意虽说挣了些钱，但也有不少外债。这次要是借吧，怕担风险；不借吧，同学一场，又不好拒绝。思忖再三，最后李毅说："你在困难时找到我，是信任我、瞧得起我，但不巧的是我刚刚买了房子，手头一时没有积蓄，你先等几天，等我过几天结账了，一定借给你。"

对方可能会因急于事成而相求，但是你确实没有时间、没有办法帮助他的时候，一定要考虑到对方的实际情况和他当时的心情，避免使对方恼羞成怒，造成误会。

拒绝还可以从感情上先表示同情，然后再表明无能为力。这种先扬后抑的方法也可以说成是一种"先承后转"的方法，这也是一种力求避免正面表述，而采用间接拒绝他人的方法。先用肯定的口气去赞赏别人的一些想法和要求，然后再表达你需要拒绝的原因，这样你就不会直接伤害对方的感情，而且还能够使对方更容易接受你，同时也为自己留一条退路。

一般来说，你还可以采用下面一些话来表达你的意见，"这真的是一个好主意，只可惜由于……我们不能马上采用它，等情况好了再说吧""这个主意太好了，但是如果只从眼下的这些条件来看，我们必须要放弃它，我想我们以后肯定是能够用到它的""我知道你是一个体谅朋友的人，你如果对我不是十分信任，认为我没有能力做好这件事，那么你是不会找我的，但是我实在忙不过来了，下次如果有什么事情我一定会尽我的全力来支持你"，等等。

这样的表述虽然最后的结果是拒绝别人，但因为赞扬和抬高了对方，对方不但不会生气，还会觉得你是个体贴的人。

借别人之口说自己的话

有些问题不问是肯定不行的，但是直接问也不妥当，这个时候，不妨借别人的口来问自己的问题。

某公司总经理在外地与对方谈判了 6 天还没有结果，他的秘书想知道谈判究竟进行得如何以及何时能返回，但又不好意思开口

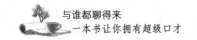
问，于是跟总经理说："宾馆服务台的小姐刚打来电话，说她们有预订机票的服务，问我们是否需要。我们用不用现在回复？"总经理想了一下，回答道："问一问能不能订后天的票。"秘书于是做好了返程的准备。

这里秘书用的就是"借不相关人之口来问自己的问题"的方法。

有些问题自己直接问，效果可能适得其反，但又无其他人的口可借时，就可以借一个与问题不直接相关的人的名义来问。比如，我们想向媒体或医生咨询一些关于人际关系或者健康的问题又难以启齿时，可以说："我的朋友病况如何，请问……""我的同事请我代问一下……"，这些所谓的"朋友""同事"可以是根本就不存在的人。这种问话方式，在很大程度上能减轻人们的心理障碍，而使问题得以顺畅地表达出来。

生活中有些乖张的人，只有上级才能镇得住。以自己的名义向他提要求，没准碰一鼻子灰，这时最好借上级的口来表达。

比如，出于工作需要，你要去问某一位领导工作进度。而他正好是一个专看上级脸色行事的人。你不妨这样问："王局长让我来问问，你们处的工作报告写好了没有。"这样一问，迫使他不得不以认真的态度来回答问题，使你不会被他忽略，因为你的身份已经转换为"传话者"，而非"办事者"，纵使他心里不情愿，鉴于领导的压力，也不敢怎么样。

虽然借上级的口来问话，比如"组织上对这个问题很重视""某领导一直很关心这个问题"等，听上去官腔十足，但关键时刻，却是对付某些人的撒手锏。

此外，对那些工作比较繁忙的对象或对某些问题有解释能力却故意藏而不露的人，提问时可以借用含义比较广泛而又模糊的"大家"的口来问，如"大家都想了解一下……您能不能给我们说一下""大家让我来问问……"

一般人都会认为"大家"提的问题是重要的问题，尤其是对于矛盾比较大的问题，如果回答得好，既可以使工作顺利地开展，同时还能在公众心目中树立良好的个人形象。所以，借用"大家"的口发问，往往会使对方对问题予以重视。

这一招最能发挥作用的场合是采访公众人物时，记者借用"大家"的口来问自己的问题。这样能给人造成一种印象：这是大家都想知道的问题，我才不得不问的。

总之，当你在人际交往中遇到那些想问而又不能以自己之口直接询问的问题，最好借别人之口说出来，这样往往能取得良好的效果。

妙用谐音，把话说圆摆脱困境

谐音，是指利用语言的语音相同或相近的关系，有意识地使用语句的双重意义，言在此而意在彼。谐音的妙用，在于能让人把话说圆而摆脱困境，甚至化险为夷。因为许多字词在特定场合中，用本音是一个意思，而用谐音则成了另一个意思。

据传，从前有个宰相，他有一个名叫薛登的儿子，生得聪明伶俐。当时有个奸臣金盛，总想陷害薛登的父亲，但苦于无从下手，便在薛登身上打主意。有一天，金盛见薛登正与一群孩童玩耍，于是眉头一皱，诡计顿生，喊道："薛登，你像个老鼠一样胆小，不

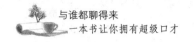

敢把皇门边上的桶砸碎一只。"

薛登不知是计，一口气跑到皇门边上，把立在那里的双桶砸碎了一只。金盛一看，正中下怀，立即飞报皇上。皇上大怒，立刻传薛登父子问罪。

薛登父子跪在堂下，薛登却若无其事地嘻嘻笑着。皇上怒喝道："大胆薛登！为什么砸碎皇门之桶？"

薛登反问道："皇上，您说是一桶（统）天下好，还是两桶（统）天下好？"

"当然是一统天下好。"皇上说。

薛登高兴得拍起手来："皇上说得对！一统天下好，所以，我便把那只多余的'桶'砸掉了。"

皇上听了转怒为喜，称赞道："好个聪明的孩子！"又对宰相说："爱卿教子有方，请起请起！"

金盛一计未成，贼心不死，又进谗言道："薛登临时胡编，算不得聪明，让我再试他一试。"皇上同意了。

金盛对薛登嘿嘿冷笑道："薛登，你敢把剩下的那只也砸了吗？"

薛登瞪了他一眼，说了声"砸就砸"，便头也不回，奔出门外，把皇门边剩下的那只木桶也砸了个粉碎。

皇上喝道："顽童！这又如何解释？"

薛登不慌不忙地问皇上："陛下，您说是木桶江山好，还是铁桶江山好？"

"当然是铁桶江山好。"皇上答道。

薛登又拍手笑道："皇上说得对。既然铁桶江山好，还要这木桶江山干什么？皇上快铸一个又坚又硬的铁桶吧！祝吾皇江山坚如铁桶。"

皇上高兴极了，下旨封薛登为"神童"。

谐音是一语双关的表现形式之一。在上面这个例子中，薛登之所以能够化险为夷，就在于他巧妙地运用谐音把话说圆了。古人有这样的智慧，现代人也并不缺少。

一日，小君请了两位要好的朋友到家中小坐，几人猜拳行令，好不痛快，谈及三兄弟友谊，更是情深意笃。小君掏出好烟，一一给两人点上，然后又点上自己的。谁知当他熄灭火柴扭头准备劝酒时，却见两位朋友拉着脸。小君一寻思：坏了！三个人不能同时用一根火柴点烟，因一根火柴点三次火的谐音是"散伙"。

面对这尴尬的场面，小君并没有用"对不起""请原谅"等客套话解围，他一笑说："咱们这地方都说三个人用一根火柴点烟的意思是'散伙'，我觉得不对。我的解释是三个人用一根火柴点烟是三个人不分你我，是'仨人一伙'的意思。所以，今天我特意用一根火柴点三支烟，是说我们三人今后永远是一伙的，有福同享，有难同当。哥们儿，你们说对不对呀！"经小君这么一解释，两位朋友都乐了："是！我们永远是一伙的。"

小君面对尴尬的局面没有慌张，巧妙地用谐音解释了词义，反贬为褒，不仅使误会消除了，而且加深了他们之间的友谊。

有时候错误是不好掩盖的，因为欲盖弥彰。这时候需要的是打破那种不快的气氛，让大家都能够释怀。用谐音把话说圆，就是让大家释怀的一种好方式。

第三章　说好委婉话，安抚对方有奇效

再大的矛盾，也不要把话说绝

在发生矛盾时，双方肯定心里都不痛快，因此很容易失态，口出恶言，把话说绝了。一时把话说绝了，痛快也只能是一时的，而受伤害的是双方长远的关系和自己的声誉。所以，即使有了再大的矛盾，我们也应该把握住一点——就是不要把话说绝了，给对方也给自己一个台阶下。

一位顾客在商场买了一件外衣之后，要求退货。但衣服她已经穿过一次并且洗过，可她坚持说"绝对没穿过"，要求退货。

售货员检查了外衣，发现有明显干洗过的痕迹。但是，直截了当地向顾客说明这一点，顾客是绝不会轻易承认的，因为她已经说过"绝对没穿过"，而且精心地伪装过。于是，售货员说："我很想知道是否你的家人把这件衣服错送到干洗店去过，我记得不久前我也遇到过一件同样的事情。我把一件刚买的衣服和其他衣服堆在一块，结果我丈夫没注意，把那件新衣服和一堆脏衣服一股脑儿地塞进了洗衣机。我觉得可能你也遇到了这样的事情，因为这件衣服的确看得出已经被洗过的痕迹。不信的话，可以跟其他衣服比一比。"

顾客看了看证据，知道无可辩驳，而售货员又为她的错误准备了借口，给了她一个台阶下。于是，她顺水推舟，收起衣服走了。

售货员如果直白地揭穿顾客的"伎俩"，再强硬地驳回对方的要求，就等于在大庭广众下把话说绝了，换来的只会是尴尬和不欢而散。现实中，人们普遍存在着吃软不吃硬的心态。特别是性格刚烈的人，如果你说"硬"话，他可能比你更硬；你如果来"软"的，对方反倒会于心不忍，也就有话好好说了。

有的人会说，发生这种矛盾，我都打算和他绝交了，把话说绝了又怎么样。真是这样吗？要知道，暂时分手并不等于绝交。有时朋友间分手并不是彼此感情的彻底泯灭，而是因一时误会造成的。如果大家采取友好分手的方式，不把话说绝，那么，有朝一日误会解除了，友谊的种子很可能会重新绽放出绚丽的花朵。

有的人不明白这个道理，他们一和别人发生矛盾就取下策而用之，与人反目为仇，谩骂指责，把话说得很绝以解心头之恨。这样做痛快倒也痛快，但他们没想到，在把别人骂得狗血喷头的同时，也就暴露了自己人格上的缺陷。人们会从这样的情景中看到，他们对别人居然如此刻薄，如此不留情面，如此翻脸不认人。

在与人发生矛盾时不把话说绝，能体现一个人的宽容大度和高尚品格。在正常情况下，人们的度量大小是很难表现出来的。而当与别人发生了矛盾，使你难以容忍的时候，能否容人，那就看得一清二楚了。这时只有那些思想品格高尚的人，才会保持理智，以宽容的姿态不把话说绝以避免伤害对方。友好解决能使发生矛盾的彼此免受进一步的伤害，也可以说这是留给对方的真诚。

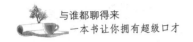
给忠告加点糖，听起来才顺耳

忠告，对于帮助他人和与他人建立真诚的友谊，起着难以替代的重要作用。反过来讲，不能给予他人忠告的人不是真诚的人，这种人不会将自己的真实感受告诉对方。也就是说，不爱别人的人是不会给予他人忠告的，不被人爱的人也同样得不到忠告。因此，我们应该欢迎忠告。

尽管如此，为什么一般人都讨厌忠告，忠告为何听起来总不顺耳呢？

究其原因，就在于一般人容易受感情支配，即使内心有理性的认识，但仍易受反感情绪的影响而难以听进忠言。

有一个中学生很贪玩，整日在外游荡，不爱学习。

有一天，他大彻大悟了，下决心要好好学习。当他刚一走进家门，他母亲就急不可耐地忠告儿子："你又到哪里野去了？还不快去复习数学，看你将来怎么考大学！"

"哼，上大学，上大学，我就不信不上大学就混不出人样！"

受逆反心理驱使，一气之下，儿子又跨出了家门，使母亲的一番苦心白费了。

你在忠告之前要谨慎行事，同时还要选择时机。例如，在工作场合中，当下属尽了最大努力而事情最终没有办好时，最好不要向他们提出忠告。如果你这时不合时宜地说"如果不那样就不至这么糟了"之类的话，即使你指出了问题的要害且很在理，可下属心里却会顿生"你没看见我已经在拼命了吗"的反感，效果当然不会好了。相反，如果此时你能说几句"辛苦你了""你已经做了最大的努力""这事的确比较难办"等安慰的话，然后再与部下一起分析失败的原因，最终部下会欣然接受你的忠告。

此外，选择什么场合提出忠告也很重要。原则上讲，提出忠告时，最好一对一，千万不要当着他人的面向对方提出忠告。因为如果这样做，对方就会受自尊心驱使而产生抵触情绪。

另外，切记不要以事与事、人与人做比较的方式提出忠告。因为此时的比较，往往是拿别人的长比对方的短，这样很容易伤害对方的自尊心。

"小于，你看人家小熊哪天不是安安静静的，而你总是疯玩疯闹，你就不能学学人家吗？"母亲痛切地对女儿说。

"她乖，她好！你认她做女儿算了，我走！"女儿嚷道。虽然女儿明明知道自己的缺点，但出于自尊心需要，她没好气地顶撞着母亲。母亲的劝告失败了。

即便是忠告也不要说得逆耳，因为叛逆心理每个人多少都会有些。良药也可以是甜口的，有时候把忠告说得顺耳，人们会更喜欢也更能接受。

说到底，为对方好是忠告的根本出发点。因此，要想让对方明白你的一番好意，讲话的态度一定要谦和诚恳，用语不能激烈，也不必过于委婉，否则对方就会产生你教训他，或你惺惺作态的感觉。

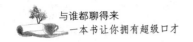
多用鼓励，让人看到希望

父母、老师、上司，经常会碰到"不争气"的孩子、学生和下属。这时应该怎么办，横眉怒对吗？这只会增加他们的叛逆心理。比较好的一种办法是告诉他们：他们很优秀。人们在大多数情况下需要的是激励，而不是责骂。

纽约布鲁克林的一位老师鲁丝·霍普斯金太太，在新学期开学的第一天，看过班上的学生名册后，对本该感到兴奋和快乐的新学期充满忧虑：今年，在她班上有一个全校最顽皮的"坏孩子"——汤姆。他不只是恶作剧，他还跟男生打架、逗女生、对老师无礼、在班上扰乱秩序，而且好像是愈来愈糟。他唯一的优点是很快就能学会学校的功课。

霍普斯金太太决定立刻解决汤姆的问题。当见到新学生时，她讲了一些话："罗丝，你穿的衣服很漂亮。爱丽西亚，我听说你画画很不错。"当念到汤姆的名字时，她直视着汤姆，对他说："汤姆，我听说你是个天生的领导人才，今年我要靠你帮我把这个班变成四年级最好的一个班。"在头几天，她一直强调这点，夸奖汤姆所做的一切，并评论他的行为表明他是一位很好的学生。

令人惊奇的结果出现了，汤姆真的变了，他渐渐地约束了自己的行为，变成了一个好学生。

这位老师用最杰出的语言拯救了一个孩子。由此我们不仅看到了作为老师对学生的耐心教导，也体会到了使用好语言对他人的重要作用。

很显然，鼓励的话就像一剂强心剂，使听者看到"重生"的希望，并充分地认识到，自己还有诸多美好的可能。这些可能远比自己想象的还要完美。"你很棒""我为你骄傲"等类似这样激励的语言，并不难说，但它有时会决定一个人的命运。

看一下美国纽约州第一位黑人州长罗杰·罗尔斯的故事。

罗杰·罗尔斯是美国纽约州历史上第一位黑人州长。他出生在纽约声名狼藉的大沙头贫民窟，这里环境肮脏，充满暴力，是偷渡者和流浪汉的聚集地。在这儿出生的孩子，耳濡目染，从小就逃学、打架、偷东西甚至吸毒，长大后很少有人从事体面的工作。但是，罗杰·罗尔斯是个例外，他不仅考上了大学，还成了州长。

在就职的记者招待会上，一位记者问他：是什么把你推向州长宝座的？面对300多名记者，罗尔斯对自己的奋斗史只字未提，只谈到了他小学时的校长——皮尔·保罗。1961年，皮尔·保罗被聘为诺必塔小学的董事兼校长。当时正值美国嬉皮士流行的时代，他走进大沙头诺必塔小学的时候，发现这儿的穷孩子比"迷惘的一代"还要无所事事。他们不与老师合作，旷课、斗殴，甚至砸烂教室的黑板。皮尔·保罗想了很多办法来引导他们，可是没有一个奏效。后来他发现这些孩子都很迷信，于是他上课的时候就多了一项内容——给学生看手相，他用这个办法来鼓励学生。

当罗尔斯从窗台上跳下，伸着小手走向讲台时，皮尔·保罗说："我一看你修长的小拇指就知道，将来你会是纽约州的州长。"当时，罗尔斯大吃一惊，因为长这么大，只有他奶奶让他振奋过一次，说他可以成为5吨重小船的船长。这一次，皮尔·保罗先生竟说他可以当纽约州的州长，着实出乎他的预料。他记下了这句话，并

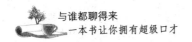
相信了它。从那天起，"纽约州州长"就像一面旗帜指引着他，罗尔斯的衣服不再沾满泥土，说话时也不再夹杂污言秽语。他开始挺直腰杆走路，在以后的40多年间，他没有一天不按州长的身份要求自己。51岁那年，他终于成了州长。

一句鼓励的语言，能够扫去他人的自卑，提升自己的信心；一句鼓励的语言，能够培养他人自尊与自爱，不被挫折所败；一句鼓励的语言，温暖他人的同时其实也照亮了自己的心灵。

如同没有好学生与坏学生之分，只有个性不同的学生一样，所谓不争气的人只是缺少了一些自信。面对这样的人，我们需要的是鼓励而不是嘲讽他们。

设身处地替别人着想

对如何有效地说服他人，美国汽车大王福特说过一句话："假如有什么成功的秘诀的话，那就是设身处地替别人着想，了解别人的态度和观点。"因为这样不但能使你与对方沟通和得到谅解，而且能更清楚地了解对方的思想轨迹及其中的"要害点"，瞄准目标，击中要害，大大提高说服力。

曾经有人说，要想让别人相信你是对的，并按照你的意见行事，首先必须要让人们喜欢你，否则你就要失败。可是如果不能设身处地站在别人的角度替别人着想，又怎么可能让对方喜欢呢？说服时，不考虑对方的立场，或是找些莫名其妙的理由来搪塞，会使事情更难处理。上下级间之所以经常发生口角，不外乎是双方只考虑自己的立场。要站在对方立场来说话，实在不是件容易的事。

一个常在办公室抽烟的职员，曾经发誓戒烟，过了一个月后，忍不住又去抽了。本来做上司的想："不是说不抽了吗？怎么又开始抽了？"但改口用这样的口气说："戒烟可不容易啊，你能坚持一个月，已经很不简单了！"部下听了自生惭愧，心里暗下决心，坚决把烟戒掉。上司这样的说法就很容易让职员理解。因为上司是替他着想，知道戒烟不是容易的事情，即便偶尔抽一支，也是可以理解的。这样的说法不但让职员下了台阶，而且还会让职员下决心不再犯同样的错误。

同样，有家电视台每周播放一次关于人生问题讲座的节目，其收视率比其他时段的节目高出许多。收视率偏高，当然是许多原因造成的，但其中最重要的原因，是观众们欣赏节目中的巧妙答话。

大多数有疑难问题而上电视请教的观众，在开始时都会对解答者所做的种种忠告提出反驳或辩解，并且显得十分不情愿接受对方所言。但随着解答者妙语不断，观众会在不知不觉中对解答者所说的每一句话都颔首称是。通常出现在这类探讨有关人生问题电视节目上的观众，大多数是离婚女子。此时解答疑难者常说的一句话是："如果我是你，我会原谅他，而且绝不与他分手。"

你千万别认为话中的"如果我是你"只是短短的、单纯的一句话而已，它能发挥的效力是不可限量的，这是由于人人都认为"自己是最可爱的"心理所致。如果你在说服别人的过程中，无意间使用了一些不太妥当的言辞，那么，若巧妙地运用了这句"如果我是你"，就会弥补你言辞上的过失。不仅如此，它还能促使对方做自我反省，并最终感觉到唯有你的忠言，才是对他最有利的。

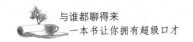
安慰他人，把语言变成信心和力量

如果有人情绪不好，处于气愤或失望中，你该如何安抚他呢？你可以描绘美好的未来，使他产生精神上的寄托，让他自然而然地摆脱对目前不利状况的思虑。未来是不确定的和无法预知的，正因为如此，未来才是可以去塑造、去开创的，才是可以寄予愿望的。当暂时出现了难以解决的难题和窘境时，你可以引导受挫者放眼未来，指出其开创未来的优势所在，使其产生对未来的信心和希望，从而摆脱对眼下挫折的过多思虑，抖擞精神去开创未来。

有一对男女青年小周和小胡，交往了3年多，常在一起看电影、下馆子，关系很密切。可是，当小周把结婚的东西置办齐，要小胡和他去登记结婚时，小胡却突然与他中断了恋爱关系。小周找到她家去理论，又被拒之门外。他又气又恨，在门外叫骂，用头撞大门，要死在她家门外。这时，正好小周单位的领导经过，就跑过来问他："你们之间有爱情吗？"小周被问得沉默了。领导进一步开导说："光在一起看看电影，逛逛马路，吃吃喝喝，那不是爱情。真正的爱情不是用钱可以买来的。再说，'捆绑不能成夫妻'，既然人家不爱你，你何必强求呢？你今年才25岁，为一个不爱你的姑娘去死，多不值得！你业务能力强，工作又上进，将来事业不可限量，只要好好干，还愁找不到一个好媳妇？"一番话把愁眉苦脸的小周说得眉眼舒展开来。

男青年小周失恋，这个既定的事实已经无法改变，想办法破镜重圆恐怕也是难以实现了。此种情况下，单位领导有意把小周的视线从眼前的糟糕状况中转移开，引导他放眼未来，同时给他指出开创未来的两点优势：年轻、工作上进，强调只要充分利用这些优势，就一定能够找到顺心的人生伴侣。这样，小周的精神上有了寄托，精神状态也就好转了。

英国浪漫主义时期的大文豪斯科特，著作等身，不仅对英国小说史有划时代的影响，而且也激发出了俄国、法国、美国文坛的新动力。

可是，这样一个大文豪小时候并不优秀。身患小儿麻痹症的他，右脚行动不便，身体孱弱，几次重病差点丧命，本来就有些自卑，加上成绩不如人，便成了"学校怪胎"，言行常常不礼貌，爱缺课，学期末的评语总是很糟。只有一位老师知道，他虽然厌恶功课，对读书却充满兴趣，这位老师不停地给予他鼓励，而这也正是他的人生转折点。

成名后的斯科特曾回母校参观，感触良多地问学校老师："现在学校成绩最差的孩子是谁？"然后，他学习当年看重他的那位贴心老师，对那位被称为最差的红着脸的小朋友说："你是个好孩子，我当年也跟你一样，成绩很差，不要灰心。"说完，他从口袋掏出一枚金币送给这个孩子。

"一句话改变一个人的一生"，这句话在那个小朋友的身上应验了，他最终从爱丁堡大学毕业，成了一位优秀的执业律师。

到底是什么让学习成绩最差的学生成了一名优秀的律师，让一个问题学生成为一个大文豪？是一份希望，别人给他的一份希望——这就是安慰的艺术。

有人说，安慰艺术的最高境界会带给人新的希望。当一个人

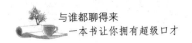
心情跌到谷底时，只要有人对他说"你一定可以渡过难关的"，或者说一句"我相信你可以做得到"，或者说"大家与你同在，会帮助你的"，就能给予人坚持下去的勇气和力量。

所以，当你安慰别人时，可以给他一个希望的目标，在这份希望的指引下，他就可以很快走出失意，重新面对新生活。

表达不满，要淡化感情色彩

在公众活动中，可能经常会遇到让人尴尬而不满的情景。在这种情景下，是不能生硬地表达不满的，淡化感情色彩是比较好的选择。

著名科学家爱因斯坦是一个风趣幽默的人，有一次，由他证婚的一对年轻夫妇带着小儿子来看他。孩子刚看到爱因斯坦就号响大哭起来，弄得这对夫妇很尴尬。爱因斯坦脸上也有些挂不住，但幽默的爱因斯坦摸着孩子的头高兴地说："你是第一个肯当面说出对我的印象的人。"这句妙答给了这对夫妇一个情面，活跃了气氛，融洽了关系，当然也含蓄地表达了爱因斯坦的不满。

在这个故事中，爱因斯坦向我们显示了他在交际中的机智。面对孩子大哭给自己和年轻夫妇带来的尴尬，他干脆采用了自嘲的方式来帮助对方化解尴尬并表现自己的不满。放低姿态，凭借"慈祥"的语气表示自己对此态度的认同，从而淡化了感情色彩。

1988 年 8 月 3 日，英国前首相撒切尔夫人在出访澳大利亚参观墨尔本市市容时，突然遭到爱尔兰共和军支持者的围攻。在示威者的一片谩骂声中，撒切尔夫人在澳大利亚警方的保护下仓促离去。这对一个老资格的政治家来说，是一件很尴尬的事情，而对东道主澳大利亚来说，也是大丢脸面的。在当晚的宴会上，撒切尔夫人在宾客好奇的期待和主人难免的困窘尴尬中，轻松地评论说："墨尔本是一个美丽而吵闹的城市。"哄然大笑之后，听众热烈鼓掌，大家都为撒切尔夫人巧妙淡化、摆脱尴尬的技巧所折服。

撒切尔夫人把一场激烈的政治性示威淡化为城市由于人口高度密集而难免产生的喧嚣吵闹，使自己的不满在双方的笑声中表现出来。

我们每天都会遇到不同的人，遇见不同的事，都会受到这些人和事的影响。如何表达我们的看法，既能不伤彼此的和气，又能使彼此的关系继续发展，实在是一门高深的学问。这门学问掌握得好，能让我们在与人交往中占据主动，化解尴尬，如果拿捏不准，只会给自己添加烦恼。

英国前首相威尔逊在一次竞选演讲中，遭到一个捣乱分子的挑衅。演讲正在进行，捣乱分子突然高声喊叫："狗屁！垃圾！臭大粪！"这个人的意思很明显，是指威尔逊的演讲根本不值得一听。威尔逊对此感到非常生气，但只是微微一笑，安慰他说："这位先生，我马上就要谈到你提出的环境脏乱差的问题了。"语毕，听众中就爆发出掌声、笑声，为威尔逊的机智幽默喝彩。

社交场合碰到别人的不恭言行，不能发作，但憋在心里也不好受。对此，海明威曾说过："告诉他你不高兴，但在话中别出现'不高兴'这个词。"所以，把表示不满的语言的感情色彩淡

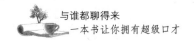

化一下，让对方知道你不高兴，又不至于破坏友好气氛，是个不错的方式。

用模糊语言"救驾"

卡耐基认为，对于一些比较尖锐的话题，最好使用模糊语言，给对方一个模糊的意见，或者多用一些"好像""可能""看来""大概"之类的词语，显得留有余地，语气委婉一些。

例如，当学生在课堂上回答不出问题时，老师一般不应这样训斥学生："你怎么搞的？昨天你肯定没复习！"而应当用模糊委婉的语言表达批评的意思："看来你好像没有认真复习，是不是？还是因为有点紧张，不知道该怎么说呢？"而且，老师应当进一步提出希望和要求："希望你及时复习，抓住问题的要领，争取下次做出圆满的回答，行不行？"这样既给了学生面子，又能达到好的效果。

在一些交流场合，尤其是在一些比较正式的场合，经常会碰到一些涉及尖锐问题的提问，这些提问不能直接、具体地回答，又不能不回答。这时候，说话者就可以巧妙地用模糊语言表达自己的意见，让当事双方都不会感到太难堪。

阿根廷著名的足球明星迪戈·马拉多纳在与英格兰队比赛时，踢进的第一个球是颇有争议的"问题球"。据说，墨西哥一位记者曾拍到了他用手拍球的镜头。

当记者问马拉多纳那个球是手球还是头球时，马拉多纳意识到倘若直言不讳地承认是手球，那对裁判来说简直无异于"恩将仇报"（按照足球运动惯例，裁判当场判决以后不能更改），而如果不承认，又有失"世界最佳球员"的风度。

马拉多纳是怎么回答的呢？他说："手球一半是迪戈的，头球一半是马拉多纳的。"这妙不可言的"一半"与"一半"，等于既承认球是手臂打进去的，颇有"明人不做暗事"的君子风度，又肯定了裁判的权威。

用模糊语言回答尖锐的提问是一种智慧，它一般是用伸缩性大、变通性强、语意不明确的词语来化解矛盾，摆脱被动局面。模糊语言不仅能使对话双方在短时间内消除误会和矛盾，更重要的是，它还能创造一个相对和谐愉悦的气氛，使交谈能够顺利地进行下去。这既是一种小聪明，有些时候也是一种大智慧。

一个年轻男士陪着他刚刚怀孕的妻子和他的岳母在湖上划船。岳母有意试探小伙子，就问道："如果我和你老婆不小心一起落到水里，你打算先救哪个呢？"这是一个老问题，也是一个两难选择的问题，回答先救哪一个都不妥当。年轻男士稍加思索后回答道："我先救妈妈。"母女俩一听哈哈大笑，脸上都露出了满意的笑容。"妈妈"这个词一语双关，使人皆大欢喜。

我们在听政府发言人谈话，或者看一些文件、公报的时候，常常觉得平淡无味。其实这些语言往往蕴含着非常尖锐的意思，只是用了一些模糊化的词语，让它显得"平淡"了一些而已。比如，外交部发言人谈话中提到"宾主双方进行了坦率的会谈"，这里"坦率"的背后意思就是有很多争议，意见分歧非常大；再如，"应当促进双方的交流"，意思就是双方的共识太少，彼此之间有比较深的成见。这些模糊化的语言既达到了说明问题的目的，又起到了淡化矛盾的作用。

第四章　说好感情话，情真意切没距离

真诚，是双方交流的根本所在

真诚的语言是最能打动人的，巧妙地运用充满真情实意的话语，可以促使说者与听者产生情感共鸣，使双方的关系变得融洽，从而营造出一种良好的沟通氛围，赢得广泛的人际关系，为成功创造有利的条件。

此外，我们经常会遇到"祝贺"这种交往形式，一般是指对社会生活中有喜庆意义的人或事表示良好的祝愿和热烈的庆贺。通过祝贺，能表达你对对方的理解、支持、关心、鼓励和祝愿，以抒发情怀，增进感情。

祝贺的语言要真诚、富有感情色彩，语气、表情、姿态等都要有感情，这样才会有较强的鼓动性与感染力，才能达到抒发感情、增进友谊的目的。

道歉也是人际交往中常见的交流活动。为人处世，犯错误总是难免的，毕竟"人非圣贤，孰能无过"。但是，人们会对犯错误后的态度非常重视。所以，犯错误后，我们首先要坦率承认、真诚道歉。

你道歉的时候态度真诚，别人就会很轻易地原谅你。相反，如果在道歉时态度极差，让人看不到一丝真诚，甚至根本就不道歉，只是一味地为自己辩解不休，结果就会使彼此之间的裂痕越来越大。

"有朋自远方来，不亦乐乎""最难风雨故人来"，这些语句都道出了朋友间所凝聚的真情厚谊，反映了朋友间肝胆相照、充满真诚的交往过程。可以说，充满真诚、以诚暖人是交友说话中打动人心的重要因素，是赢得知心朋友的重要环节。

若要使人动心，必先使自己动情

在说话时，最重要的是能够以真情感动对方。说话的时候先为对方着想，无疑是很好的办法。

一般情况下，自己对某一件事所认为的"对"或"好"并不能代表别人的看法。因此，在沟通时最好先了解对方的看法。假如你径自表现出"好"或"对"，而不去弄清楚对方是否有相同的看法，你可能就会面临尴尬的境地。所以，在说话之前，你所要做的就是尽你所能了解别人的背景和观点，你也因而可以知道：什么使他们兴奋，什么使他们没兴趣；什么会吓到他们；他们上班时是什么人，他们下班时是什么人；他们生活中真正要什么——他们认为怎么能获得。你可以从别人的判断中，研究他们从前的决定，知道很多他们的事。这样不仅避免了你犯难堪的错误，还可以让你设计你的表达方式，让你的意见可以跟他们的需要和要求结合，使你的演讲或你们的沟通更加顺利。

我们最常听见人们对工作环境的三项抱怨是：他们认为别人不听他们的话；他们觉得得不到尊重；他们认为别人想要控制或

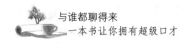
操纵他们。

在与别人谈话的过程中，如果你先提自己的需要，这三种情况就可能发生。你先提别人的需要，它们就不会发生。

大部分人对自己的兴趣超过对别人的兴趣，对自己需要的热衷程度远强于对别人的需要。但是如果你提及对方所需，为对方着想时，你会发现许多可喜的变化，而这些变化对你也是有利的。

当你先提对方的需要时，对方会有以下表现：较快开始聆听；比较注意聆听且听得较久；对你说的话记得较多；比较尊重你；认为你是比较聪明甚至善良的人；等你再说自己的需要时，对方也会听得比较专心。相反，假如你先提自己的需要，人们常不愿聆听且会保护自己或使冲突升级。他们可能以愤怒的眼神和僵硬的表情回瞪你，怀疑你不考虑他们的需要，对你的话一句也不听。这种恐惧和不信任，很容易就会引起公开的敌对。

此外，人通常在冲突开始时会感到焦虑。任何能缓和他们焦虑的方法，都会使情形变得比较轻松及对每个人都比较有利。这个时候，如果你先为对方着想，提出对方的需要就能很好地解决问题。在一些重大事情中，先提对方的需要，会使你们成为合作伙伴，从而联合解决问题，而不是互相对抗。

所以，在进行沟通时，如果想取得较为满意的结果，你就必须先为对方着想，满足对方所需。

打动人心的秘密，在于谦和诚恳

第一次见面时，用三言两语恰到好处地表达你对对方的友好情意，或肯定其成就，或赞扬其品质，就会顷刻间暖其心田，感其肺腑，使对方油然而生一见如故、欣逢知己之感。初次见面时交谈达到这种程度，也会为日后的深入交往做好铺垫。跟从未见过面的人用电话交谈时，适当地表情达意同样能使对方感动不已。

很多时候，当你的意见与对方出现分歧时，你也许很想打断他。但请不要那样做，因为那样做很危险。当他有许多话急着要说的时候，他是不会理你的。因此，你要耐心地听着，诚恳地鼓励他充分地说出自己的看法后再说出你的看法。

在日常生活中，谦和的态度可以帮你摆脱困境，拉近与他人的距离。比如，当你从事推销工作时，被别人拒绝是在所难免的。但对方拒绝你可能并不是因为不想买你的产品，而是因为与你有距离感，这种时候你就非常有必要用一种比较谦和的态度来消除与对方的距离感，从而使你的工作达到满意的结果。

刘先生是一家天然食品公司的推销员。一天，他还是一如往常，把芦荟精的功能、效用介绍给一位陌生的顾客，对方没有兴趣。刘先生嘀咕："今天又要无功而返了。"当刘先生正准备向对方告辞时，突然看到阳台上摆着一盆美丽的盆栽，一种紫色的植物。刘先生于是请教对方说："好漂亮的盆栽啊！平常似乎很少见到。"

"确实很罕见。这种植物叫嘉德里亚，属于兰花的一种。它的美，在于那种优雅的风情。"陌生人从容地解释道。

"的确如此。会不会很贵呢？"刘先生接着问道。

"很昂贵。这盆盆栽要800元呢！"陌生人从容地接着说。

"什么？800元……"刘先生故作惊讶地问道。

刘先生心里想："芦荟精也是800元，大概有希望成交。"于是慢慢地把话题转入重点："每天都要浇水吗？"

"是的，每天都要很细心地养育。"

"那么，这盆花也算是家中的一分子喽？"

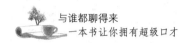

这位家庭主妇觉得刘先生真是有心人，于是开始倾囊传授所有关于兰花的学问，而刘先生也聚精会神地听。

过了一会儿，刘先生很自然地把刚才心里所想的事情提出来："太太，您这么喜欢兰花，一定对植物很有研究，那么您肯定也知道植物带给人类的种种好处——温馨、健康和喜悦。而我们的天然食品正是从植物里提取的精华，是纯粹的绿色食品。太太，您要不要用买一盆兰花的钱把天然食品买下来？"

结果，对方竟爽快地答应下来。

这笔生意的成交多半是因为刘先生态度谦和，既没有咄咄逼人的强势，也没有卑躬屈膝让人鄙视。所以，这一结果虽出人意料，但并非在情理之外。

实际上，只要你有谦和的态度，你要办的事情往往会顺利许多，甚至在你毫无思想准备的情况下获得成功。谦和诚恳不仅是良好修养的体现，也是高超语言驾驭能力的体现。这种能力能让对方放下敌意，像你一样谦和，进而与你建立一种相互吸引的关系。

千万不要口是心非

今天，人们都有一种普遍的心理：不信任。造成这种心理的原因之一大概是生活中口是心非的人太多了。口是心非，就是表面上说得天花乱坠，而内心全非如此；表面上对你百依百顺，而实际上却我行我素；嘴里说着对你的赞誉之词，而内心在诅咒你不得好死……

试想一下，如果长期生活在这些人当中，吃过几次亏之后，那么不论是谁都会增强戒备之心，对别人的话加上几个问号。但是话又说回来，如果每个人都变成了这样，都像戴着一副面具，那生活还有什么意思呢？人与人之间的真诚、友爱都到哪里去找呢？所以说，我们每一个人，特别是年轻人，要努力去扭转这个局面，要学会真诚，切不可做口是心非的人。

口是心非，对别人不真诚，会使你失去许多宝贵的东西。就像上面说的，你嘴不对着心，表里不如一，对别人人前一面，人后一面，那么别人对你也会如此。仔细想一想，这样的生活你觉得有意思吗？每天都要去琢磨别人讲的每一句话，分辨哪句话是真的，哪句话是假的，生活中其他的事你就会无暇顾及，时间就这样在你的眼前无声无息地流逝掉。

口是心非的人最善于钩心斗角，因为他们每天都在考虑表面上如何应付别人，行动上又如何去算计别人。与这种人为伍是非常危险的，因为你不知道他心里到底有什么想法。

在文学史上，《伪君子》中的达尔杜弗是口是心非最典型的代表，他已成为"伪善、故作虔诚的奸徒"的代名词。他表面上是上帝的使者、虔诚的教徒，而实际上是个色鬼、贪财者；他表面上对奥尔贡一家恭维，而实际上在用最卑鄙的手段去谋害这一家人。可以说，他是个表面上好话说尽实际上坏事做绝的最无耻、最卑鄙的小人。他最终的结局呢？当然，是他的这一套无耻的手段终于被人识破了，西洋景最终被人揭穿，成了万人唾弃的小人。他整天苦心算计别人，最终把自己推进了万丈深渊。

口是心非与虚伪可以说是等同语。因为口是心非的人为了掩饰自己内心的真实想法，必然要用谎言去应付别人。谎言说多了，被别人识破了，他也就成了一个虚伪的人。我想，只要有点自尊心的人都是不愿被别人称为"伪"人的。一旦在别

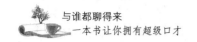
人的心目中成为虚伪的人，那你的生活将变得很痛苦，到处是不信任的眼光，到处是不信任的口吻，不是被人们应付，就是成为众矢之的，那滋味真是难受极了。

虚伪或说谎，即使可能在某些场合能发挥作用，但总之，其罪恶是远远超过其益处的。因为一般而言，虚伪者绝不会是高尚的人，而是邪恶的人。当然，一个人不可能一下子就变坏。一个人起初也许只是为了掩饰某一些事情而做一点虚伪的事或说谎，但后来他就不得不做更多虚伪的事，说更多的谎话，以便于掩饰与那些事相关联的一切。总结起来，人们做虚伪的事说谎话、口是心非大概出于以下几种目的：其一，是为了迷惑对手，使对手对自己不加防备，以便达到目的；其二，是为了给自己留一条退路，这也是为了保全自己，以便再战；其三，是以谎言为诱饵，探悉对手的意图，这种人是最危险的。西班牙人有一句成语：说一个假的意向，以便了解一个真情，说的就是这种人。也许，这些目的有的可能不能算恶毒，但作为口是心非者，其说谎或做虚伪事的害处却是很大的。首先，说谎者永远是心惊胆战的，因为他不得不随时提防被揭露，就像一只伪装成人的猴子一样，得时刻防备被人抓住尾巴；其次，口是心非者最容易失去合作者，因为他对别人不信任、不真诚，别人也就以其人之道还治其人之身，最终导致合作无法进行；最后，也是最重要的一点，口是心非者终将失去人格——毁掉他人对他的信任。我想，世界上恐怕没有比失去人格更可悲、可痛的事了。

因此，做人就要做个真诚的人，要言行一致。"口言之，身必行之"，墨子这句话是很对的。对待别人要诚实，不要两面三刀。林肯说过："你能在所有的时候欺骗某些人，也能在某些时候欺骗所有的人，但你不能在所有的时候欺骗所有的人。"
是的，在工于心计、算计别人中度过一生，是不可能的，即使可能也是很累、很痛苦的事。所以，要坦诚地做人，用一颗真诚的心去对待别人，千万不要做口是心非的人。

赞美是种可以改变生活的力量

只有被别人接受，你才可能用自己的影响力去影响他人，而赞美恰恰是让别人接受你的最好方式。

赞美别人，就仿佛是用一支火把照亮了别人的生活，同时也照亮了自己的心田，有助于发扬被赞美者的美德及推动彼此友谊健康地发展，还可以消除人际间的龃龉和怨恨，最关键的是你能借此接近对方，而后去影响他。

对年轻人，不妨语气稍微夸张地赞扬他的创造才能和开拓精神；对于有地位的干部，可以称赞他为国为民、廉洁清正；对于知识分子，可以称赞他知识渊博、宁静淡泊……当然这一切要依据事实，切不可虚夸。

在赞美别人的时候一定要情真意切，虽然人人都喜欢听赞美的话，但并非任何赞美都能使对方高兴，虚假的赞美反而会引起别人的反感。例如，当你见到一位其貌不扬的小姐，却偏要对她说："你真是美极了！"对方立刻就会认定你所说的是违心之言。但如果你着眼于她的服饰、谈吐、举止，发现她这些方面的出众之处并真诚地赞美，她一定会高兴地接受。

真诚的赞美不仅会使被赞美者产生心理上的愉悦，还可以让你经常发现别人的优点，从而使自己对人生持有乐观、欣赏的态

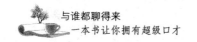

度——毕竟，每天都抱着感恩的心情生活是很美好的。

赞美别人时，不妨采取翔实具体的方法。人们有非常显著成绩的时候并不多见，更多时候都是默默无闻的平凡人。因此，交往中应尽量从具体的事件入手，善于发现别人哪怕是最微小的长处，并不失时机地予以赞美。赞美用语越翔实具体，说明你对对方越了解，对他的长处和成绩越看重。让对方感到你的真挚、亲切和可信，你们之间的距离就会越来越近。如果你只是含糊其词地赞美对方，说一些"你工作得非常出色"或者"你是一位卓越的领导"等空泛飘浮的话语，就可能会引起对方的猜疑，甚至产生不必要的误解和信任危机。

另外，赞美要合乎时宜。赞美在于见机行事、适可而止，真正做到"美酒饮至微醉后，好花看到半开时"，这样你才能有影响力。

当别人计划做一件有意义的事，开头的赞扬能激励他下决心做出成绩，中间的赞扬有益于对方再接再厉，结尾的赞扬则可以肯定成绩，指出进一步的努力方向，从而达到"赞扬一个，激励一批"的效果。

最后要说，锦上添花固然好，雪中送炭更可贵。俗话说，"患难见真情"。最需要赞美的不是那些早已功成名就的人，而是那些因被埋没而产生自卑感或身处逆境的人。他们平时很难听到赞美的话语，一旦被人当众真诚地赞美，便有可能振作精神，大展宏图。因此，最有实效的赞美不是"锦上添花"，而是"雪中送炭"。

此外，赞美并不一定总用一些固定的词语，见人便说"好"，有时，投以一个真诚赞许的目光、做一个夸奖的手势、送一个友好的微笑，也能收到意想不到的效果。

温暖的安慰送给最需要的人

生老病死是自然规律。具体到生病，人在生病以后，情绪会很低落，经常会心烦意乱、胡思乱想。你如果能够将安慰奉献给他们，他们的心情就会好转些，并对你表示感激。但是，要真正达到安慰患者的目的，还必须要讲究一些谈话技巧。

具体来说，谈话技巧有以下几种。

1. 要了解情况，有针对性地同患者进行交谈

了解情况，是指对患者的病情、思想状况以及有关疾病的基本医药卫生知识有所了解，并根据患者在住院期间的不同状况来进行安慰。

例如，有的慢性病患者由于病休时间较长，容易产生放弃的想法。对此，要多给他们讲一些"既来之，则安之"的道理，劝慰患者在医院安心治疗，不要有头无尾，功亏一篑。有的患者可能较多地考虑经济负担等实际问题，对此则应该劝他们着眼于健康，注意调养，并建议其向单位争取适当补助。有的患者对自己所患疾病的治愈缺乏信心，遇到这种状况，就应该多介绍一些其他得了同类病的人经过治疗痊愈的事例，这样就可以减少患者的忧虑。

2. 交谈中尽量多谈一些使患者感到愉快、宽心的话题和事情

安慰患者的目的在于让患者精神放松，早日恢复健康。因此，在安慰对方时，绝不能与其谈论有可能增加其忧虑和不安的消息与话题。在患者谈论病情和感觉时，应当认真聆听，从中发现一些对患者有利的因素，以便随时接过话题，对患者进行安慰。

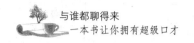
3. 在交谈过程中，还要特别注意语气、语调的运用

病痛在身的人，十分需要他人的安慰，因而对探望者的语气、语调特别敏感。所以，探望者要努力使自己在交谈时音量适当、语气委婉、感情真挚，要尽量让患者在你探望后感到心情愉快和轻松。这样，有利于减少疾病给患者带来的心理压力，有助于恢复健康。

4. 不要在交谈中以自我为中心

当你看望生病的朋友时，请牢牢记住，你是去提供帮助、表示关心的。因此，你要多注意别人的感情，不要以自我为中心。

不要借朋友的不幸，引述出你自己的类似经历。对待磨难各人有各人的处理方式，所以，你可以说"我也碰到过这种事"或者说"我能理解你现在的心情"。但不要把你自己的处世态度强加给或许并非与你一样感情外露的朋友。

5. 不要使用怜悯的话语

人都是有自尊的，尤其是生病以后，自尊心的敏感度更是胜过以往。因此，你若是怜悯他，他很可能认为你是在嘲笑他，或是觉得自己的病非同一般。所以，我们要使用相反的方法。当我们看望患者时，可以说："多幸运呀，我也想生点小病，好好地休息几天。"让患者不由自主地觉得偶尔生一点小病也是一种幸福。

总之，探病是为了安慰患者，鼓励患者战胜困难，激发他们与病魔做斗争的勇气。因此，在与患者谈话时千万要做全盘细致周密的考虑，懂得什么样的话可说，什么样的话不可说。

利用微笑拉近彼此间的距离

微笑能够反映出一个人的内心世界，在演讲的时候微笑，可以融洽气氛，消除听众抵触情绪，激发感情，缓解矛盾。由此可见，微笑是拉近彼此距离最简单的方式。

发自内心的微笑是人们美好心灵的外现，也是心地善良、待人友好的表露，是一个人有文化、有风度、有涵养的具体体现。做说服人的工作，即参加辩论和谈判，首先要打动他人的心，而动人心先动己情，其中最能赢得人心的是微笑。发自内心、表达真情实感的微笑，是取得良好说服效果的"心理武器"，也是辩论和谈判取得成功的秘诀之一。

一般来说，下列场合可运用微笑技法。

（1）表达赞美、歌颂等感情色彩时应微笑。此时要博得别人笑，因此自己首先要笑。

（2）上台与下台时应微笑。这样可以拉近与台下人的距离，把良好的形象留在他们心中。

（3）面对提问时送上一缕微笑是无声的赞美与鼓励。

（4）肯定或否定一些言行时，可以配合着点头或摇头，脸上挂着微笑。

（5）面对喧闹的情景，可以略停顿微笑，这时脸上挂着微笑是一种含蓄的批评与指责。

既然在日常生活交谈、辩论、演讲中，微笑有如此多的效用，那么微笑训练便成为必要项目。然而，微笑训练都有哪些技术上的要求呢？这里介绍一个小小的诀窍，发明人是我国著名的电影表演艺术家孙道临。他说，你只要在嘴上念声"茄子"就行了。

微笑练习的动作要领是：口腔打开到不露或刚露齿缝的程度，嘴唇呈扁形，嘴角微微上翘。结对练习时可以根据上述归纳的重点重复练习，并互相注意，看看有什么问题。

那么，微笑时容易出现哪些毛病，又应该如何纠正呢？

（1）笑过了头，嘴咧得太大。嘴咧得太大会给人一种傻乎乎的感觉，应以不露或刚露齿缝为最佳。

（2）皮笑肉不笑，看上去让人觉得难受。如果你在交谈中能够以完全平等的态度对待对方，尊重对方的感情、人格和自尊心，那么你的微笑就会是真诚、美丽的，就具有强大的凝聚力。否则，你的微笑就是虚假、丑陋的，你得到的也只能是逆反心理和离心力。

因此，要想解决"皮笑肉不笑"的问题，必须解决根本态度的问题。根本态度端正了，"皮笑肉不笑"的问题也就迎刃而解了。

只要端正对待交谈对象的态度，加强态势语——微笑训练，那么，你的微笑就一定会助你达到良好的交谈效果。

但值得注意的是，如果你是参加演讲，那么演讲中不能从头到尾一直微笑，否则会让人觉得你戴着一个假面具在台上演讲，没有感情。

微笑虽好，但也要分清场合，在召开重要会议、处理突发事件、参加追悼大会时，当然不能微笑。平时微笑要真诚自然、适度得体。至于无笑装笑、皮笑肉不笑、虚情假意的笑、僵化呆板的笑，甚至硬挤出来的笑，则会令人大倒胃口，还不如不笑。

为对方的情绪考虑

推销大师吉拉德说："当你认为别人的感受和你自己的一样重要时，才会出现融洽的气氛。"我们需要多从他人的角度考虑问题，如果对方觉得自己受到重视和赞赏，就会给以合作的态度。如果我们只强调自己的感受，别人就会和你对抗。

有6位顾客拒绝向一家汽车公司支付服务费，理由是某些账目出了错。但事实上，每项服务完成时他们都签了字，因此公司认为他们确实享受过那些服务并派出业务员催讨这些账款。催账的业务员拜访了每一位顾客，并声称公司有足够的证据证明他们享受过那些服务，因此毫无疑问是他们自己出了错。他还暗示，公司的专业人员对汽车的技术问题远比顾客懂得多，因此没什么可争论的。结果呢？他们恰恰为那些"没什么可争论的"问题争了起来，欠款自然也就无法收回。

事情搞僵了之后，货款部经理准备和那些顾客打官司。这件事引起了总经理的关注，他调查了这几位顾客的信誉状况，发现他们以前付账都很爽快。他意识到这里面一定有什么不对，于是让善于处理纠纷的詹姆斯·托马斯去收取这些账款。

托马斯也知道这笔账款绝对没错，但他对此只字不提。他向顾客解释说，他来调查公司是否有什么疏忽的地方。在顾客陈述完自己拒付的理由之前，托马斯没有发表任何意见，他只是耐心地听，并对顾客的谈话表现出足够的兴趣和同情。等到气氛完全缓和下来时，托马斯决定唤起顾客的高尚动机。他对顾客说："我也觉得这件事我们没有处理好。我们公司的代表曾给你带来了麻烦，使你觉得不快，我真的很遗憾。我也是公司的一名代表，我代表公司向你道歉。我听了你的说明，我认为你是一个非常喜欢公平的人，因此我想请你帮我一个忙，我相信你比任何人都有资格做这件事。这里有一张你的账单，请你自己对这张账单做一下估价，数额由你决定，你说多少就算多少。"

托马斯对6位顾客都使用了这种说话方式，结果他们全都表现得很慷慨。除了一个人对某项有问题的款项坚决拒付，其他5个人全都按最高额付了款。最神奇的是，在随后的两个月之内，这6位顾客都向托马斯订购了新车。

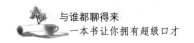

从这个故事中不难看出，与人相处时，应该考虑对方的感情，看他是否愿意，心中有何想法，是否接受请求。有这样一个寓言故事，也反映了同样的道理。

寒冬的一天，风神与太阳神争吵，比谁的力量大，这时，远方有个年轻人正好走过来，太阳神就提议说："风神，如果你能将那年轻人身上穿的大衣吹下来，我就承认你的力量比我大。"

风神闻言，哈哈大笑说："这简直太容易了，大树我都可以连根拔起，何况是一件衣服。"接着吹起了一阵强风，只见年轻人非但未将大衣脱下，反而将大衣扣子全部扣上了。

风神见状着急了，心越急，风吹得越大、越凶，而那年轻人干脆蹲在地上，全身缩成一团。风神见吹不脱年轻人的衣服，只好放弃了。

接着轮到太阳神，太阳神只是探出头来，对年轻人轻轻一笑，随即阳光普照，热力四射。太阳神越笑越开心，只见年轻人慢慢解开大衣扣子，接着一边擦汗，一边将大衣脱了下来。至此，风神不得不认输了！

"爱"是太阳神的力量，亲切与关怀可使人褪去武装的外衣，而加之于人的苛求与暴力，只能使人提高戒备心理。

因为人是有感情的动物。我们主观上讲逻辑、讲道理，但不应该忽视感情这一点。如果你想成功跟别人建立关系，就要考虑到别人的感情。正如有人曾说过："在与人交流中讲感情比讲理性更能成功。"又如小说家约瑟夫·康拉德说的："给我合适的字眼、合适的口气，我可以把地球推动。"

只有考虑到别人的情感，照顾到别人的情绪，在请人办事时才有可能被人接受，不至于被一口回绝。

热情赢得对方的合作

热情的能量能点燃事业兴旺的火焰，也能消融人们心中冷漠的冰雪。下面这个故事正好说明了这一点。

有一个孩子非常喜欢拉小提琴，7 岁时就和旧金山交响乐团合作演奏了门德尔松的小提琴协奏曲，未满 10 岁就在巴黎举行了公演，被人们誉为神童。

1926 年，10 岁的小男孩在父亲的带领下，来到巴黎拜访艾涅斯库，他一心想成为艾涅斯库的学生。

他说："我想跟您学琴！"

艾涅斯库冷漠地回答："你找错人了，我从来不给私人上课！"

男孩坚持说："但我一定要跟您学琴，求您先听听我拉琴吧！"

艾涅斯库说："这件事不好办，我正要出远门，明天早晨 6:30 就要出发！"

男孩忙说："我可以提早一个小时来，在您收拾东西时拉给您听，好吗？"

艾涅斯库被男孩的坚定意志打动了，他说："那好吧，明早 5:30 到克里希街 26 号，我在那里等你。"

第二天早晨 6:00，艾涅斯库听完了男孩的演奏。他满意而兴奋地走出房间，对等候在门外的男孩的父亲说："我决定收下你的儿子。不用付学费，他给我带来的快乐完全抵得过我给他的好处。"

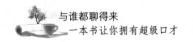
男孩从此成为艾涅斯库的学生，他努力学琴，最终学有所成。他就是后来的世界著名小提琴演奏家梅纽因。

因为那股想要能让艾涅斯库指导自己琴艺的热情，梅纽因执着地要求对方听一下自己拉琴，甚至在艾涅斯库明显的拒绝之后仍然不愿放弃，愿意在清晨5：30分来拉琴给收拾行装的艾涅斯库听。最终，因为这样的热情、执着和本身非凡的琴艺，梅纽因如愿成为艾涅斯库的学生。

在许多时候，就如同毕业于哈佛大学的拉尔夫·爱默生所说的："一个人如果缺乏热情，就不可能有所建树。热情是在别人说你'不行'时，发自内心的有力的声音——'我行'。"只要你再坚持一点，再执着一点，成功就近在眼前了。

一个雨天的下午，有位老妇人走进匹兹堡的一家百货公司，漫无目的地在公司内闲逛，很显然是一副不打算买东西的样子，大多数的售货员只对她扫一眼，然后就自顾自地忙着整理货架上的商品，以避免这位老太太麻烦他们。其中一位年轻男店员看到了她，立刻主动向她打招呼，非常热情地问她，是否有什么需要帮忙的。这位老太太对他说，她只是进来躲雨的，并不打算买任何东西。年轻店员说，他们同样欢迎她的到来。

他主动和她聊天，以显示他欢迎的诚意。当她离开时，年轻人还陪她到门口，替她把伞打开。这位老太太向年轻人要了张名片就上车了。

此后的一天，年轻人突然被公司老板召到办公室，老板向他出示了一封信，是位老太太写来的。这位老太太要求这家百货公司派一名销售员前往英格兰，代表该公司接下装修一所豪华住宅的工作。

这位老太太就是钢铁大王卡内基的母亲。在信中，她特别指定这名年轻人代表公司去接受这项工作。这项工作的交易额十分庞大。

是热情让这位年轻人拥有了财富增值的机遇，热情就如冬日里温暖的阳光，让每个人都感到暖意融融，并为之深深打动。

美国文学家爱默生曾写道："人没有热情是干不成大事业的。"大诗人乌尔曼也说过："年年岁岁只在你的额头上留下皱纹，但你在生活中如果缺少热情，你的心灵就将布满皱纹了。"

有了热情，人们才能把额外的工作视作机遇；才能把陌生人变成朋友；才能真诚地宽容别人；才能爱上自己的工作。有了热情，人们就能对事情产生浓厚的兴趣；就会变得心胸宽广，抛弃怨恨和仇视；就会变得轻松愉快，当然，还会消除心灵上的一切皱纹，最后也就没有了生活的挤压感。

给别人以充分的同情

亚瑟·盖茨博士在他那本精彩的《教育心理学》中说："所有的人类都渴望得到同情……从某种观点来看，为真实或想象的不幸而'自怜'，实际上是一种世界性的现象。"

美国波士顿的 B 医生讲过这样一段故事，他就是利用同情的方法达到了他一直不能实现的目标。

在那时候，波士顿的报纸上，几乎刊满不堪入目的药品广告，如专门替人打胎的广告，广告中用骇人听闻的话，恐吓病人，使他

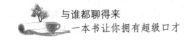

们害怕，其主要的目的就是骗钱。患者在接受治疗后，任凭那些庸医摆布而打胎，甚至造成很多的死亡，可是这些庸医被判罪的很少，他们只要花一点钱，或用政治的势力，就可以摆脱这个罪状。

这种情形日益严重，波士顿城里上流社会的人士群起反对，讲道的牧师也在讲台上抨击、痛责那些刊登污秽广告的报纸，他们祈求上帝能使那些广告停止刊登。其他市民团体、商人、妇女会、教会、青年会等，均纷纷痛责，可是都无济于事。州议会中，也有激烈的争辩，要促使认定这种无耻的广告成为"非法的"，可是对方有政治势力的背景，亦没有产生任何效果。

那时 B 医生是一个基督教团体里的主席，他试用了一切方法，但都失败了，对付这种医药界败类的运动，眼看就要失败了。在一个晚上，B 医生还在想着那件事，很晚还没有休息，终于给他想出来一个所有波士顿人没有想到过的办法——他要试用友善、同情、赞赏的办法；他要使报馆自动停登那一类的广告。

B 医生写了一封信，给波士顿销路最好的一家报社，他对那家报社大加赞誉，说那份报纸的新闻翔实，尤其报上的那篇社论，更是令人瞩目，那是一份最好的家庭报纸。B 医生在信上又这样表示——那份报是全州最好的报纸，也是全美国最完美的新闻读物。但他接着说：

"可是，我有个朋友，他告诉我说，他有一个年轻的女儿，有个晚上，他女儿朗诵你们报上的一则广告，那是一则专门替人打胎的广告，他女儿不清楚这广告上的含义，就问她父亲那些字句的意思。我朋友被他女儿问得窘迫至极，他不知道该向纯洁、天真的女儿做何解释。你们的报纸，在波士顿高尚的家庭中，是一份受欢迎的读物。在我朋友家庭发生的情形，是否在别的家庭里也有这样类似的情形发生？如果你有这样一个纯洁、天真、年轻的女儿，你是不是愿意她看到那些广告？当你女儿向你提到同样的问题时，你又该做何解释？贵报在各方面都很完美，但由于有这类情形的存在，常使做父母的，不得不禁止他们的子女读阅贵报。对于这一点，我为贵报感到十分惋惜，其他上万的读者，我相信他们也会跟我有同样的想法。"

两天后，这家报社的发行人，给B医生一封回信，这封信的内容是：

"本月十一日由本报编辑交来你的一封信，诵阅之余，非常感激，这是多年来本报延宕至今，一直未能实施的一件事。自星期一起，本报所有报道中，将删除一切读者所不欢迎、反对的广告。至于暂时不能停止的医药广告，经编辑郑重处理后，始行刊登，以不引起读者反感为原则。谢谢你关切的来信，使我获益良多。发行人：海司格尔。"

有时候你会碰到一些让你觉得厌烦、心地狭窄、不可理喻的人，不要去厌恶他、远离他，而应去同情他、理解他。你不妨默诵约翰·戈福看见一个喝醉的乞丐蹒跚地走在街上时所说的那句话："若非上帝恩典，我自己也会这个样子。"因为在你将遇见的人中，有四分之三的人都渴望得到同情。给他们同情吧，他们会更爱你。

胡洛克可能是美国最有成就的音乐经纪人。20多年来，他一直跟艺术家有来往——像夏里亚宾·伊莎德拉、邓肯以及帕夫洛瓦这些世界闻名的艺术家。胡洛克先生说，与这些脾气暴躁的明星们接触所学到的第一件事就是必须同情，对他们那种荒谬的怪癖更是要同情。

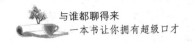

他曾担任夏里亚宾的经纪人达3年之久——夏里亚宾是最伟大的男低音之一，曾风靡大都会歌剧院。然而，他却一直是个"问题人物"。他像一个被宠坏的小孩，以胡洛克先生的特别用语来说："他是个各方面都叫人头痛的家伙。"

例如，夏里亚宾会在他演唱的那天中午，打电话给胡洛克先生说："胡洛克先生，我觉得很不舒服。我的喉咙像一块生的碎牛肉饼，今晚我不能上台演唱了。"胡洛克先生是否立刻就和他吵了起来？哦，没有。他知道一个经纪人不能以这种方式对待艺术家。于是，他马上赶到夏里亚宾的旅馆，表现得十分同情。"多可怜呀，"他极其忧伤地说，"多可怜！我可怜的朋友。当然，你不能演唱，我立刻就把这场演唱会取消。这只不过使你损失一两千元而已，但跟你的名誉比较起来，根本算不了什么。"

这时，夏里亚宾会叹一口气说："也许，你最好下午再过来一次。5点钟的时候来吧！看看我怎么样。"

到了下午5点钟，胡洛克先生又赶到他的旅馆去，仍然是一副十分同情的姿态。他再度坚持取消演唱，夏里亚宾又再度叹气说："哦！也许你最好待会儿再来看看我。我那时可能好一点了。"

到了7点半，这位伟大的男低音答应登台演唱了，他要求胡洛克先生先上大都会的舞台宣布说，夏里亚宾患了重伤风，嗓子不太好。胡洛克先生就撒谎说他会照办，因为他知道，这是使这位伟大而怪脾气的男低音走上舞台的唯一办法。

给别人以同情吧，这将是你获得他人喜欢的有效方法之一。只有与他人形成一种友好的关系，才能够更加自如地进行交谈。

第五章　说好机警话，意外难题巧应对

用曲解的方法回避敏感话题

对于一些敏感性问题，提问者一般不直接就问题的本质提出怀疑，而是从其他貌似平常的事物着手，旁敲侧击地进行诱导性询问。这时，我们可以故意装作不懂对方的真正用意，而站在非常表面、肤浅的层次上曲解其问话，并将这种曲解强加给对方，使对方意识到你的曲解实际上是在表达委婉的抗议和回避，从而识趣地放弃自己的追问。

在一次记者招待会上，外国记者别有用心地问王蒙："请问，20 世纪 50 年代的你与 80 年代的你有何相同与不同？"这位记者的用意是路人皆知的。王蒙当时也十分清楚。他不慌不忙地抬起头，从容不迫地回答道："50 年代的我叫王蒙，80 年代的我也叫王蒙，这是相同之处；不同的是，那时我 20 来岁，现在我 50 多岁了。"

面对记者只给出了年代限定的提问，王蒙虽然知道对方是想借机让他谈一谈对中国国内形势改变的感受，但是故意曲解其本意，只是从自己年龄变化的角度作答。这个回答虽然也算是合格，

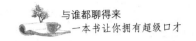
但实际上没有给对方任何有用信息，令其大失所望。

有一个调皮的孩子，大年初一那天，一大早便出门找伙伴玩去了。玩到中午时分，才发现自己头上的新帽子不知道什么时候丢了，于是胆战心惊地跑回家。母亲发现孩子的帽子丢了，自然很生气，要是在平时少不了要大声呵斥一番，可当天是大年初一，不能骂孩子，于是母亲强忍着怒气没有爆发。可是母亲仍然觉得这不是好兆头，刚过年就丢东西，心里非常郁闷。

这时，隔壁的李叔叔来串门，看到母亲的脸色不太好看，还有孩子的胆怯，一打听才知道事情的原委，于是笑着说："孩子的帽子丢了，照我看这可是件好事情，这不恰恰意味着孩子要出头吗？今年你的孩子一定能学习进步、诸事顺利。"孩子的母亲听了以后，连连赞同："是啊，真对啊，孩子从此就出人头地了！"于是大家都笑了起来，家里也恢复了喜庆的气氛。

帽子丢了，这本来就是一件很扫兴的事情，又是在大年初一丢的，一般人都会觉得不吉利。但隔壁的李叔叔有自己的解释，他回避了孩子贪玩结果把帽子弄丢了的事实，而强调了帽子是戴在头上的，现在帽子没了就说明可以"露头"了，如此，大家都将注意力放在了露头的事情上，而忽略了丢东西的事情，一件坏事就成了好事。

这种曲解本意的方法，有时候也可以说是"装糊涂"。虽然明知道对方问的是什么，但就是假装不知道，避开实质，只说些现象的问题。对方通常都会识趣地不再追问。对于很多敏感话题，比如女生的年龄，或者收入，如果不乐意回答，又不想直接拒绝就会说"我不告诉你，这是我的私事"等比较生硬的话，就可以曲解一下本意。

比如，娱乐圈里的很多女明星都不太喜欢别人问她们的年龄，但总会有记者想方设法地要问出对方的年龄。这时候女明星不妨说："年龄不是问题，问题是我还能给观众带来什么新的东西。"这样一回答，既不会暴露自己的真实年龄，又让观众觉得这个明星真敬业，从而赢得观众的喜欢。

我们虽然不是外交家，也不是公众人物，可学会回避一些不好回答的问题，也可以起到自我保护的作用。

借用幽默的力量摆脱窘境

在日常生活中，有时有人会由于不慎而使我们身处窘境，或是向我们提一些非分的请求，或是问一些我们不好回答或暂时不知道答案的问题。此时，我们如果直接表明"不满意""不可能"或"无可奉告""不知道"，往往会给彼此带来不快。那么，不妨借用幽默的力量。

有一次，英国上院议员里德的一篇演讲将近结束，听众都很认真地望着他，都在倾耳听着每一个字时，突然有一个人的椅子腿断了，那人跌倒在地上。如果这时正在演讲的不是里德这样聪慧、幽默的人，恐怕当时的局面会对演讲产生一种破坏性的影响。这时，聪明的里德马上说："各位现在一定可以相信，我提出的理由足以压倒别人。"就这样，他立刻使听众恢复了注意。而那个跌倒的人也在别人善意的笑声中，找到了一个新座位。

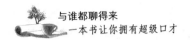
这个故事给我们的启迪是：恰到好处的幽默能够使双方都从窘迫的情形中脱身，里德就是依靠这一点化解了演讲中的尴尬局面。

如果我们面临不好回答的问题，而又不能以"无可奉告"进行简单的说明，不妨找一个大家都能领悟的笑话来说，转移对方的注意力。

1972 年，在美苏最高级别会谈前的一次记者招待会上，有人向基辛格提出了一个所谓的"程序性问题"："到时，你是打算点点滴滴地宣布呢，还是倾盆大雨地、成批地发表协定呢？"

基辛格沉着地回答："你们看，他要我们在倾盆大雨和点点滴滴之间任选一个，无论我们怎么办，总是坏透了。"他略微停顿了一下，接着一字一板地说："我们打算点点滴滴地发表成批声明。"在一片轻松的笑声之中，基辛格解答了这个棘手的问题。

生活离不开交流，交流必然会产生融洽与对立，一旦身处窘境，面对无礼要求或做不到的事情时，就像站在悬崖上，前面是深渊后面是追兵。此时灵活的头脑和幽默的谈吐可以让我们突生翅膀，顺利飞跃到高处，摆脱进退维谷的境地。心态要淡定，嘴巴要灵活。遇到干戈对立场面、对方愤怒局面、尴尬时刻、被人批评等情况，我们先要将自己内心的怒气平息下去，然后用适当的玩笑话和幽默的语言来缓和气氛。这需要我们平时多读书，不断丰富自己的学识，同时积累幽默的语言才能完成。

让难堪的局面消失在谈笑之中

当别人挖苦、讥讽你的时候，你可以用语言作为"护身符"，筑起防卫的堤防。"兵来将挡，水来土掩"，你可视不同的来者选择不同的应付办法。

假如判明来者不善，是怀着恶意故意来挑衅的，你可以"以眼还眼，以牙还牙"，有理有礼有节地回敬对手。

如果对方来势汹汹、盛气凌人地前来指责辱骂你，而你确信真理在手，则应保持藐视的目光、冷峻的笑容，让他尽情发泄个够，而不予理会。有时沉默无言的蔑视能力胜千钧，抵得上万语千言。假如有人冲着你横眉竖眼，恶语中伤地骂道："你这个人两面三刀，专门告我的阴状，想踩着别人的肩膀往上爬，没门！"你心中无愧，完全不必大发雷霆，倒不妨解嘲地反诘："哦！是真的吗？我倒要洗耳恭听。"然后诱使谩骂者说下去，直到对方找不到言语，你再鸣金收兵。如此温文尔雅、彬彬有礼的方式，显然比暴跳如雷、大动肝火要好。

假如有人以半真半假的口吻问："你得了一大笔奖金，该'发财'了吧？"你避实就虚地回答："你也想吗？咱们一块来干。"语中带点锐气，别人再想问，也就不大好意思了。

你刚被提拔到某领导岗位，有人对此揶揄道："这下子你可平步青云、扶摇直上了吧！"你听了不必拘谨，可一笑了之："是这样吗？你算得这样准？"用这种不卑不亢的应酬答方法，立即会使对方语塞。相反，如果你过于计较，说出一大堆道理，倒显得太认真，反而会适得其反。

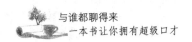

　　如果有人用过于唐突的言辞使你受到伤害，或让你难堪，你应该含蓄以对，或装聋作哑、拐弯抹角、闪烁其词，或顺水推舟、转移话题、答非所问，谈一些完全与其问话"风马牛不相及"的事，用这种委婉曲折的方法反驳对手，一定会取得奇特的功效。

　　遇到棘手犯难的问题，若能以幽默诙谐的方式回答，往往能化险为夷，改变窘态，还可能收到"山重水复疑无路，柳暗花明又一村"的效果，让难堪的局面消失在谈笑之中。

以灵活的语言回击，远离伤害

　　生活中的冷言冷语多到难以分门别类，但有一点是可以肯定的，这些话都会使你心烦意乱、情绪低落，都会伤到你的自尊，使你下不来台。本能地进行反击，其后果往往是讽刺挖苦、侮辱打击的恶性循环。正确的办法是用适当而有力的语言回击冷语，避免自己受到伤害。如果你下次遇到冷语，不妨照下面说的去试试。

　　1. 探究缘由

　　心中窝火容易使人出语伤人。如果你的确不明白是什么地方得罪了别人，最好的办法就是直接问他这是为什么。记住，并不是每个人都存心要找你的麻烦，因此，要尽快找出根源。比如，女服务员之所以冲你发火，也许是因为昨晚她在男朋友那里受了委屈；司机超车插到你前面也许并不是为了和你比高低，而是送重病的孩子上医院……当你这样去假定他人是无辜的时候，你就会为自己的宽厚和善意而感到快慰。

2. 正视挑衅者

顶住侮辱并非易事。办法之一是正视，用严肃的对答来对付消极的评价，比如，你可以说："你有什么理由来伤害我的感情？"或说："你的话也许会对别人有用。"

作为一种选择，你可以要求挑衅者澄清他的原意："你这话是什么意思？"或说："我希望能弄清你的意图。"一旦挑衅者意识到你识破了他的意图时，他就会停止挑衅，因为没有比阴谋被识破更丢脸的了。

3. 运用幽默

有人曾很不客气地评价玛丽的新裙子："一条新裙子？这布料更像是用来包椅子的。"

玛丽回答说："那好，坐到我膝盖上来。"

路茜的母亲苛刻得简直像有洁癖，这使露茜有些受不了。

一天，母亲发现女儿房间里有蜘蛛网，"那是什么？"她故作吃惊地问。

"一项科学工程。"路茜幽默地回答。

利用幽默可以避免冷语的伤害，还可以拒绝自己不想听到的话。

4. 顺水推舟

接住话头是个好主意。例如，你妻子说："你重了 20 磅了，亲爱的。"你就回答说："准确地说是重了近 25 磅。"语言之所以有力，是因为你承认了它的力量，当你顺水推舟时，你就能使它失去了力量。

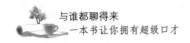

5. 不屑一顾

他人的评论并不"属于"你，因此你完全可以不理睬它。

如果你还没有完全准备好，那就让说话人知道你听见他的话了，但不想做反应。下一次他再伤害你，你就佯装正在揩去袖子上的污点，当他问你在干什么时，你就说："我以为什么东西在咬我，我肯定搞错了。"他就会知趣而退。

你也可以装作没兴趣，眨眨眼睛，打个呵欠，环顾左右，通过体态语告诉他"你怎么这样讨人厌"。

6. 拒绝接受

被一个男人出语伤害后，布达赫说："孩子，如果有人拒绝接受一份礼物，那这份礼物会属于谁呢？"

那人回答说："当然是属于送礼物的人。"

"那就好了，"布达赫说，"我拒绝接受你的指责。"

有人觉得口头上贬低、指责别人会更显自己的高大，所以他们口袋里装满轻蔑，随时都可能取出来抛给别人。拒绝接受他们的侮辱伤害，巧妙地还给他们，这样你就会减少紧张，增加快乐。

灵活的语言能让你避免麻烦、远离伤害，还可以不破坏原有的关系，学会运用它，会使你的生活变得更美好。

童言无忌，如何找"遮丑布"

周末，单位里的几个同事到家里来玩。女主人玉琴正在热情招待，忙得不亦乐乎。玉琴5岁的小女儿笑笑看到家里来了客人，别提有多高兴了，兴奋得手舞足蹈。她一会儿为客人表演歌舞，一会儿模仿模特走秀，把客人逗得哈哈大笑。

笑笑一看大家这么喜欢她，"人来疯"就越发厉害了。她骄傲地站在妈妈的同事面前，奶声奶气地大声问："叔叔、阿姨，你们能赚很多很多钱吗？"

"当然不能呀！我们都没有笑笑将来赚得多。笑笑将来当大领导，我们全给你打工，好不好？"同事们逗着这个开心果。

"我爸爸就是大领导，他会赚很多很多钱，10个大皮箱都装不下！"

"真的，你爸爸是做什么的，我们都去给他打工好不好？"

"我爸爸是做彩旗的，街上飘飘的彩旗全是我爸爸做的。你们会做吗？"

"做彩旗的？"同事们面面相觑，不理解。

"笑笑，你在胡说些什么呀！"玉琴走出厨房，听到女儿的话，心里咯噔一下，赶紧开口制止女儿说下去。

"妈妈，我没有胡说，你昨天晚上不是说爸爸'家里红旗不倒，外面彩旗飘飘'吗？你还说爸爸要变天，是白日做梦！妈妈，爸爸是不是认识雷公，不然怎么能够变天呢？"

玉琴尴尬地僵在那里，客人们也不知说什么才好。顿时，屋内的气氛凝固了……

虽然说是童言无忌，但笑笑的话也确实够让人无奈又生气的。家里的争吵丑事全都暴露在了同事们的面前，如何才能"找块遮羞布"遮一下这个家丑呢？

其实也不难，有句话叫假作真时真亦假，倘若据你察言观色，发现他人的脸色不对，似乎已有几分相信了孩子的话，你觉得

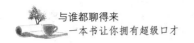
不好解释，或一时找不到合适的理由来解释，何不半真半假地承认此事。小孩子的惊世骇语远不会这么简单就结束，光用虚晃一招来打马虎眼是不够的，不信，请看另外一个故事。

一个周六的上午，周女士带着她的宝贝儿子——淘淘在儿童乐园里游玩，恰好碰到了单位的一个同事也带着女儿——甜甜在此玩。这两个小孩本来就认识，一见面就亲热得不得了，一下就玩到一起了。于是，两个大人就自然而然地站在一边聊了起来。

"妈妈，妈妈，甜甜说她爷爷、奶奶下个月要来她家过年了，我的爷爷、奶奶为什么不来呢？"两个人正聊得投机，没料到淘淘一蹦一跳地跑来，气喘吁吁地问道。

"爷爷、奶奶去年来过了，今年想休息一下！"周女士轻声细语地向淘淘解释道。

"不对，我知道爷爷、奶奶为什么不来！"

"淘淘真聪明！那你说说看，爷爷、奶奶为什么不来呢？"

"因为我们家没有钱了！"

"哎呀，宝宝真是不得了，连这事都知道！那你是不是要节约一点呀？"

"我才不要呢！妈妈把钱都给外公、外婆了，所以我们家没有钱了，爷爷、奶奶也来不了，妈妈你说是不是？"

听淘淘这么一说，那同事露出了若有所思、似笑非笑的表情。见此情景，周女士知道她的同事已有几分相信了孩子的话。于是，她灵机一动，轻描淡写地顺水推起舟来。

"原来是这样呀！我就说淘淘聪明过人吧，妈妈做了什么事都瞒不过你的眼睛！"

"那当然，我是孙悟空，有火眼金睛，谁也别想瞒过俺老孙，哈哈！"

"那悟空，我前两天给爷爷、奶奶寄钱，还给爸爸买衣服，给你买玩具，你的火眼金睛怎么就没看出来呢？"

"谁说我没看出来，我……我是想考考妈妈，看妈妈你还记不记得！"

听到这里，同事不禁被逗得大笑起来……

一般人在大多数情况下都会有逆反心理，你越是解释，他越是不信；如果你干脆承认确有其事，他反而会产生怀疑。所以你不妨利用这种心理，让对方半信半疑，自己也就能痛痛快快地下台了。只要你处之泰然，表现得大大方方的，对方就不会对此事确信无疑，甚至怀疑也会随之烟消云散。

值得强调的是，在上述案例中，切忌随即指责、呵斥，甚至是打骂孩子，如此只会显得"此地无银三百两"；同时，切忌极力解释，这样只会欲盖弥彰，从而使家丑外扬。

采取不合作态度应对当众指责

受人指责总归是件不快之事，而受人当众指责，那更会令你不快，甚至会让你窘迫难堪，尴尬至极。这是一个协作生存的社会，无论是工作还是生活，无论何时何地，人都难免犯错，从而引起他人不满，导致他人对你指责。当然，也存在这样一种情况，错并不在你，而是一些无聊之徒，他们或抱着一种嫉妒，或抱着一种偏见，当众对你进行攻击，目的就是要让你颜面扫地。

当有人当众对你大加指责，甚至对你来一顿劈头盖脸的斥骂，

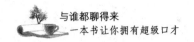
你得招架住，并采取灵活的应对措施，及时化解这个令你无地自容的尴尬氛围。

一次，一位不速之客突然闯入洛克菲勒的办公室，直奔他的写字台，并用拳头猛击台面，大发雷霆："洛克菲勒，我恨你！我有绝对的理由恨你！"接着那暴客恣意谩骂他达10分钟之久。办公室所有职员都感到无比气愤，以为洛克菲勒一定会抬起墨水瓶向他掷去，或是吩咐保安员将他赶出去。然而，出乎意料的是，洛克菲勒并没有这样做。他停下手中的活，用和善的态度注视着这位攻击者，那人越暴躁，他便显得越和善！

那无理之徒被弄得莫名其妙，怒气渐渐地平息下来。因为一个人在发怒时，若遭不到反击，是坚持不了多久的。他是做好了来此与洛克菲勒做斗争的准备的，并想好了洛克菲勒将要怎样回击他，他再用怎样的话语去反驳。但是，洛克菲勒就是不开口，所以他不知如何是好了。

最后，他又在洛克菲勒的桌子上敲了几下，仍然得不到回应，只得索然无味地离去。而洛克菲勒呢？就像根本没发生过任何事一样，重新拿起笔，继续着他的工作。

当有人怒气冲冲地当众对你大加指责时，你可以像洛克菲勒一样采取不合作的态度，不理睬对方对自己的无礼攻击。施以如此态度，实则也就是给了他最严厉的迎头痛击。见到你如此反应，他也就会自感索然无味，悻悻而退。要想每战必胜，我们可以采取以下几个办法。

（1）虚心请教。当上司或长辈当众指责你时，无论他的指责正确与否，也无论你是否服气，都不妨采用虚心请教的方式，在对方的眼中，你的请教就意味着一种真诚的态度，是尊重他们的表现。

（2）移花接木。别人的当众指责，也可以来个张冠李戴，将原本只适合于甲种场合的话，移到乙种场合来说。

（3）积极辩护。被上司批评或指责，虽然应该诚恳而虚心地听取，但并非不管他说得对不对都要一股脑儿接受，必要时应该勇于做出积极的辩护。但是，辩解时切忌加上"你居然这么说……"这样的话，因为在指责人看来，这只是顽固不化，找理由为自己辩护的表现。

（4）不予理睬。当有人当众对你大加指责时，你可以不理睬对方对自己的无礼攻击。让对方找不到继续下去的理由，指责也就结束了。

（5）面对指责进行道歉时，只需要说"对不起"。切忌说"虽然那样……但是……"这种道歉话，否则只会让人觉得你是在强词夺理，无理搅三分。

化被动为主动，使尴尬烟消云散

在社交场合，有时我们会遇到别人有意无意地抢白、奚落、挖苦、讥讽，这时该怎么办？我们可以调动自己的智慧，化被动为主动，使尴尬烟消云散。下面让我们看看具体该怎么做。

1. 仿拟话语

仿照对方讽刺性的话语形式，制造出一种新的说法，反而将对方置于一种不利的位置上，从而使对方聪明反被聪明误。

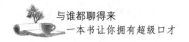

2. 歧解语义

故意将对方讽刺性的话做出另一种解释，而这种解释又恰巧扭转了矛头，指向对方，这等于让对方自己打了自己的嘴巴。

3. 以毒攻毒

当对方用恶毒的话攻击你的时候，不妨借他的话回敬他。

1914 年 9 月 2 日，英德两方谈判时，德国首相提出："你们是否要为一张废纸（指保证比利时中立的条约）和我们开战？"乔治对于这样的提问没有辩解或回避，而是这样回答：

"在座诸位没有人比我更不情愿、更反感看到我们被卷入一场大战中了。在我一生的政治生涯中，我一直抱着上述的态度。没有人会比我更坚信，我们不可能既避免这场战争的发生，又不使我国荣誉受到损害。我完全清楚，历来一个国家如要卷入战争，就必然要乞灵于荣誉这个堂而皇之的名义。

"不少罪行都是在荣誉的名义下犯的。现在就有些犯罪活动正在进行。然而，国家的荣誉毕竟是一个客观存在的现实，任何国家无视这个现实，都是注定要灭亡的。为什么这场战争牵涉我国的荣誉问题？这是因为我们承担着光荣的责任，要保卫一个弱小国家（指比利时）的独立、自由与领土完整。这国家很弱小，不可能强迫我们这样做。但是如果有人因债权人太穷，无力强迫他还债，便拒绝清偿债务，此人便是一个卑鄙的恶棍。

"我们郑重地签订过一项保卫比利时的条约，但是在条约上签字的不仅是我们。为什么奥地利和德国不履行条约规定他们应守的义务？有人提出我国引用这项条约纯粹是借口，说我们施诡计、耍手腕，有意掩饰我们对更为文明发达国家的妒忌心，我们正企图摧毁这个国家。我们对此的回答是我们在 1870 年的行动。当时我们也曾呼吁法国和普鲁士遵守这项条约。

"那时比利时的最大威胁来自法国而不是德国。我们要求德、法两个交战大国同时声明他们无意侵占比利时领土。俾斯麦怎样回答呢？他说，既然有生效的条约，向普鲁士提出这样一个问题，便是多此一举。法国也做出了类似的回答。在布鲁塞尔市政府给维多利亚女王的一份著名文件中，比利时人民对我们干预此事表示了感谢。1870 年，法国军队在比利时边境受到普鲁士炮火的严密封锁，断绝了一切突围的出路。法国军队唯一的办法是破坏比利时的中立，进入比利时国境。但当时法国人情愿遭受灭亡与屈辱，也不愿破坏条约。当时法国皇帝和将军们以及成千上万英勇的法国人宁愿被俘，也不愿使国家声誉受损。在撕毁条约有利于法国的时候，法国没有这样做。但今天，撕毁条约有利于德国，德国却这样做了。

"她以一种侮慢的态度公开承认这一点，她说条约只是在有利于你时才对你有约束力。德国首相说，条约不就是一张废纸吗？你们身上有没有带着 5 镑的纸币？带着印刷精美的小张 1 镑纸币？要是有的话，烧了它们吧，还不是几张废纸！它们是用什么造的？残片碎布罢了！可是它们价值几何？价值不列颠帝国的全部信誉啊！几张废纸！这几个星期我一直在和几张废纸打交道。我们发现全世界的商业突然停顿下来，机器停止了运转。为什么？因为商业机构是由汇票来推动运转的。我也见过一些汇票，破破烂烂、皱皱巴巴，上面有乱涂乱画的痕迹，斑斑点点、肮脏不堪。但是这些废纸却开动了载满千万吨珍贵货物的巨大海轮，使之往返航行于世界各地。这些废纸后面的动力是商人的信誉。

"条约是代表国际政治家信誉的货币。德国商人和世界上任何其他国家的商人一样有着同样诚实正直的名誉。但是如果德国货币贬值到和她们政治家的信誉一样的水平，那么从上海到瓦尔帕莱索，再也没有一个商人会对德国商人的签字看上一眼了。这就是所谓一张废纸的理论。这就是伯恩哈迪公开宣扬的理论：条约只在有利于该国时才有其约束力。这关系到一切公共法律的根本问题。这样走下去，就直通野蛮时代了。正如你嫌地球的磁极妨碍了一艘德国巡洋舰，便把它除去一样，如此一来，各个海洋的航行就会变得危险、困难，甚至不能航行。如果在这次战争中，这种主张占上风，整个文明世界的机制便要土崩瓦解。我们正在同野蛮作战。只有一个办法能扭转这种情况：如果有哪些国家说他们只在条约对他们有利时才守约，我们就不得不使局势变得只有守约才对他们有利。"

4. 一箭双雕

抓住主要事实或揭露要害，在自己摆脱困境的同时，通过对比指出对方的弱点，使其置于窘境。

这个政府借口军队打了败仗，便同敌人接触，谋取停战。

我们确实打了败仗，我们已经被敌人陆、空军的机械化部队困住。我们之所以失败，不是因德军的人数众多，而是因他们的坦克、飞机和战略。正是敌人的坦克、飞机和战略使我们的将领们惊慌失措，以致出此下策。

但是，难道败局已定，胜利已经无望？不，不能这样说！

请相信我的话，因为我对自己所说的话完全有把握。我要告诉你们，法兰西并未失败。总有一天我们会用目前战胜我们的手段使自己转败为胜。

因为法国并非孤军作战。她并不孤立！绝不孤立！她有一个幅员辽阔的帝国做后盾，她可以同控制着海域并在继续作战的不列颠帝国结成联盟。她和英国一样，可以得到美国雄厚的工业力量源源不断的支援。

这次战祸所及，并不限于我们不幸的祖国，战争的胜败亦不取决于法国战场的局势。这是一场世界大战。我们的一切过失、延误以及所受的苦难都不能改变一个事实：世界上拥有的一切手段，能够最终战胜敌人。我们今天虽然败于机械化部队，将来却会依靠更高级的机械化部队夺取胜利。世界命运正系于这种部队。

我，戴高乐将军，现在在伦敦发表广播讲话。我吁请目前或将来来到英国国土上的法国官兵，不论是否还持有武器，都和我联系；我吁请拥有制造武器技术的技师与技术工人，不论是目前或将来来到英国国土的，都和我联系。

无论出现什么情况，我们都不容许法兰西抗战的烽火被扑灭，法兰西抗战的烽火也永不会被扑灭。

明天我还要和今天一样在伦敦发表广播讲话。

这是戴高乐于 1940 年 6 月 18 日在伦敦英国广播公司发表的演说。这篇演讲在批判法国政府不抵抗政策的同时表示自己一定会坚持战斗，说明法国还是有希望的，这样的演讲给予了法国民众希望，而戴高乐从此被法国人称为"六一八英雄"。

5. 巧借比喻

巧借对方比喻中的不雅事物，用与此相关的事物作比，针锋相对，给以迎头痛击。

例如，达尔文提出进化论以后，赫胥黎竭力加以支持和宣传，并与宗教势力展开了激烈的论战。教会诅咒他为"达尔文的斗犬"。在伦敦的一次辩论会上，宗教首领见赫胥黎步入会场，便骂道："当心，这只狗又来了！"赫胥黎轻蔑地答道："是啊，盗贼最害怕嗅觉灵敏的猎犬！"

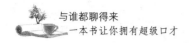

赫胥黎以比对比，巧妙地戳穿了宗教首领的丑恶本质和害怕真理的面目。

当你面对别人恶意侵犯时，能有随机应变的语言表达能力非常重要。它可以让你在防卫中运用优雅、得体的语言把你的智慧和大度发挥得淋漓尽致。

6. 装聋作哑，糊涂到底

装聋作哑，就是指对别人的话装作没有听到或没有听清楚，以便避实就虚、猛然出击的处理问题的方式。它的特点是：说辩的锋芒主要不在于传递何种信息，而在于通过打击、转移对方的说辩兴致使其无法继续设置窘迫局面，化干戈为玉帛，能够寓辩于无形，不战而屈人之兵。当然，只有阅历深的人才能达到这种效果。

别人的刻薄攻击，我们不仅可以当作耳旁风，还能对其反讥一番，这可是化解尴尬的最好途径。

在人际交往中，有许多场合都可以使用装聋作哑的办法，躲开别人说话的锋芒，然后避实就虚、猛然出击。其技巧关键在于躲闪避让的机智，一定要表演得自然。

第六章　说好分寸话，把握尺度有力度

赞美要恰到好处，切忌过分夸张

如果一个平时非常善于言谈，甜言蜜语从不离口的人，不慎把赞美的言辞说过了头，会比不善言辞的人更容易引起对方的反感。

赞美、恭维的话人人都爱听，但"真理向前跨越一步就是谬误"，适度的恭维，会使人心情舒畅；反之，则会使人十分尴尬。为了使赞美和恭维达到应有的而不是相反的效果，合理把握赞美的"度"就成为赞美者们必须重视的问题。

我们可能都有过这样的体验：当你夸奖朋友取得的成绩时，他会说："你不知道我付出了多少心血！"言语间仿佛有你不知其艰辛、看结果不看过程的意思。相反，假如你说："真不错，一定花了你许多的心血吧！"他就会觉得心里舒服，认为你很了解他。可见，夸奖劳动的付出是必不可少的，甚至效果更佳。

其实，很多人做事并不仅仅在乎结果，还注重过程。如果你人云亦云地夸奖他取得的成果，不仅有势利之嫌，还会让人这样想："如果我失败了呢？"因此，也许对你心生厌恶也未可知。很多名人讨厌记者的采访，也许是有此同感。

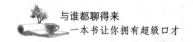
赞美的效果在于因时因人、见机行事、适可而止。作为丈夫，当你下班后走进家门，看见妻子已经为你备好晚餐时，你只要深情地望她一眼，说一句"看到桌上的菜我就饿了"，她一定会心花怒放。倘若你酒足饭饱之后才说一句"你今天回来得真早"，这样的效果无异于雨后送伞，她还能感受到你的心意吗？

另外，恭维男性和女性的赞美词一定要有所区分。倘若你对一个男人说"你长得真漂亮"，相信没有几个男人会容忍这样的"侮辱"，因为他会认为你的言下之意是在说他缺少男子汉气度。所以在赞美时，不分对象、时机地出言，很容易造成"不逊"的效果。

（1）赞美和恭维的话一定要在适合的时机说。

（2）赞美和恭维的频率要适中。这里的频率是指相对时期内对一个对象赞扬的次数。次数太少，起不到应有的作用；次数太多，会削弱应有的效果。而赞扬的频率，是以受赞扬者优良行为的进展程度为尺度的。如果被赞扬者的优良行为与赞扬的频率成正比，则说明恭维的频率是适度的；如果成反比，则说明恭维的频率过高，已经到了滥施的程度。

（3）要有前瞻性和预见性。有些东西具有相对稳定性，比如人的容貌、性格、习惯等，这方面比较容易称赞。而有些东西则不稳定，比如人的行为、成绩、思想、态度等，赞美时要谨慎，考虑长远一些。

（4）恭维的角度要新，但绝对不能怪，否则就容易"拍马屁拍到马腿上"。

（5）要根据交谈对象的性别、年龄、性格、职业、教育环境、工作环境、生活环境等因素来奉上赞美。要看清对象是一个什么样的人，如果对方是不苟言笑的人，那么就要注意自己的措辞。

（6）永远不要忘记，赞美、恭维时，你的前提一定以真诚为基础，要知道，虚伪的话最容易被人识破。

在合适的时间说得体的话

孔子曾说："言未及之而言谓之躁，言及之而不言谓之隐，未见颜色而言谓之瞽。"这句话的意思是：不该说话的时候说了，叫作急躁；应该说话的时候却不说，叫作隐瞒；不看对方的脸色变化，贸然信口开河，叫作闭着眼睛瞎说。

这三种毛病都是因为没有把握说话的时机，没有注意说话的策略和技巧。说话是双方的交流，不是一个人的单方面行为，它要受到各方面条件的制约，如说话对象、周边环境、说话时间，等等，所以说话要把握时机。如果该说的时候不说，时境转瞬即逝，便失去了成功的机会。同样的，如不顾说话对象的心态，不注意周边的环境气氛，不到说话的时候却抢着说，很可能会引起对方的误解。如果信口开河，乱说一通，后果就更加严重。所以，说话掌握好时机是非常重要的。

没有在最恰当的时机说话，不论讲话的内容有多么精彩，也不会有任何意义，不能使对方接受你的意思。这就犹如一个有着强健体魄、良好技艺的棒球运动员，没有掌握好击球的瞬间，结果挥棒只能落空。

某学校为两位退休老教师举行欢送会。会上，领导非常得体地赞扬了两位的工作和为人。但是，相比较之下，其中那位多次获得过先进的老教师得到了更多的美誉。这让另外那位老教师感到相当

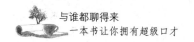

难过，所以他在讲完感谢的话以后，又接着说："说到先进，我这辈子最遗憾的是，我到现在为止一次都没有得过……"这时，一位平日里与他不合的青年教师突然开口说："不，不是你不配当先进，是因为我们不好，我们没有提你的名。"

一时间，原本会场上温馨感动的气氛被尴尬所取代。领导看气氛不对，马上接过话说："其实，先进只是一个名义罢了，得没得过先进并不重要，没有评过先进，并不代表你不够先进，我们最重要的还是要看事实……"这位领导本来是想要缓和一下气氛，结果反而使局面变得更糟糕。

其实，会场的气氛之所以会如此尴尬，最主要的还是退休老教师、青年教师以及领导他们三人没有掌握好说话的时机。首先是那位退休老教师，就算自己心里面有遗憾，也不应该在欢送会这样的场合上说出来。而那位青年教师，也不应该在这样的场合上为图一时之快，说那些刻薄的话。最后，那位领导在场上出现尴尬的时候，应该极力避开那个敏感话题，而不是继续在这个话题上唠叨不休。

所以，我们要在不同的时间、地点、人物面前说合适的话，说得体的话。只要我们有充分的耐心，积极进行准备，等待条件成熟，顺理成章地表达自己的观点，就能赢得对方的欢心，令自己舒心。以下5点有助于让我们从容寻找到说话的恰好时机。

（1）要有耐心，积极准备，时机到了，才能把该说的话说出来。

（2）沉默是金，并不是说要一味沉默不语，该说话的时候就不要故作深沉。比如，领导遇到尴尬情况了，你就需要站出来为领导打圆场，同事有矛盾了，你需要开口化干戈为玉帛。

（3）别人在说话的时候，不要随意插嘴打断人家的话。

（4）看准时机，说不同的话。这些话都要与当时的场合、时间、人物相吻合。

（5）该说话的时候要说话，因为有时候机会转瞬即逝，错过这个说话的时机，也许以后就不会再有机会了。

开口有道，插嘴也要讲艺术性

在别人说话时，我们不能只听到一半或只听一句就装出自己明白的样子。我们提倡在听别人说话时，要不时做出反应，如附和几句"是的"等话语，这样既让说话者知道你在听他说，又让他感觉你在尊重他，使他对你产生浓厚的兴趣。但是，附和并不等于随意打断对方或插话。

随便打断别人说话或中途插话，不但是有失礼貌的行为，而且往往会在不经意之间就破坏了自己的人际关系。因此，当别人正在说一件事的时候，不要随便插嘴或是打断，否则很容易弄错别人的意思，给自己造成损失。

老张在镇上盖了一套3层的楼房，他在房子的第3层刚封顶时，请几个朋友来他家吃饭。席间，突然来了一位专门安装铝合金门窗的个体户，与老张一见面就递了张名片。其实这位个体户的店铺门面也在本镇，虽和老张平时见过几次面，但因没有业务往来，他们都不认识彼此。后经交谈，他们彼此觉得非常合得来。

轮到老张做决定是否将铝合金门窗的业务让这位个体户做时，老张说："虽然我们以前不认识，但通过我们刚才的一席话，得知你安装铝合金门窗的经验丰富，假如我房子的门窗让你来安装，我相信你能安装，也相信你能做得很好。但是在你今天来之前，我们厂里一名下岗钳工已向我提起过，说他下岗了，门窗安装之事让他来做……"老张的话还未说完，那个体户便插话了："你是说那东跑西走的小李吧？他最近是给几家安装了门窗，但他那'小米加步枪'式的做法怎能与我比？"

这话不说还好，一说便让老张顿时改变了主意，接着说："不错，尽管他是手工作业，没有你那先进的设备，但他目前已下岗在家，资金不够丰厚，只能这样慢慢完善，出于同事之间的交情，我不能不让他做！"

就这样，那个体户只得快快离开了。

之后，老张对朋友说："那个体户没听懂我的意思，又把我的话给打断了。本来，我是暗示他，做铝合金门窗的人很多，不止他一个上门来请求安装。我打听到他做门窗已多年，安装熟练，且很美观，但他的报价很高，我只是想杀杀他的价格，可他进行了一番言说甚至攻击了我的同事小李，所以我宁愿找别人，也不想让他来安装我的门窗。"

一个有教养的人与别人交谈，知道何时开口效果最佳。不该插嘴的时候，即使对方长篇大论地说个不休，也绝不会插嘴。他人在谈话时，如果你想要加入，要尽可能找个适当机会，礼貌地说"对不起，我可以加入你们吗"，或者大方、客气地打招呼，让你的朋友介绍一下。千万不要随意打断他们的话题，以免出现尴尬的气氛。

如果只是要跟其中一人讲一两句话，有事情急着要问他，可以跟他们说"对不起，我插一下话"。但此时说话一定要简短，而且插完话后要说"对不起，请继续"。当真的没听懂，或听漏了一两句时，也千万别在对方说话时突然提出问题，可以等到他把话说完，再提出："很抱歉！刚才中间有一两句你说的是……吗？"

此外，不要随意打断长辈们说话，可以等他们讲完再发表自己的意见。

事情有缓急，说话有轻重

有些人在日常交际中，处理问题缺乏理智，不考虑后果，说话没轻没重，以致说了一些既伤害他人、也不利于自己的话。其实，把话说得有轻有重，并非人们想象中的那么难。只要将心比心，把自己对别人说的话放在对自己说的位置上想一想，就知道我们所说的话有多少分量。

说话有轻重，通常出现在规劝或批评对方的情况中，所以，掌握好轻重的比例是非常重要的。当你发现对方行为有所缺失时，不必说得太露骨，稍微暗示一下对方，或者旁敲侧击地提醒，对方通常能够明白你的意思，还会对你的善意规劝表示好感。

那些熟谙用暗示手段提醒别人的人，通常能将自己善意的评价和论断很好地传达给对方，其结果通常能使评价方和被评价方获得双赢。虽然人人皆知直言不讳是耿直的表现，但是有时候态度越强硬，就越达不到你想要的效果。最为高明的方法是根本不提"批评"二字，而是逐渐敲醒听者，启发他自我反省。

奉劝别人的话并不能随口就说出来，我们必须思考应该以什么样的方式把它说出来才不会让对方难堪。对于那些有自知之明

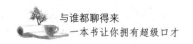
的人，最好采用暗示的方式，因为这样做就可以达到劝说的目的了，无须再把话挑明，多加一层伤害。以下 4 点也需要格外注意。

（1）以给人留面子为前提，侧面提醒，点到即止。

（2）与人争论发生冲突时，一定不要把话说绝。特别是朋友之间的冲突，也许你的一句"断交"，就此便失去了人生最好的朋友。在一些公共场合说出重话，会引起对方的暴躁心理，一旦对方忍无可忍出言回骂或动手伤人，对你将非常不利。

（3）对任何事情进行判断时，都要多听多看多思考，再对你所听所见所感进行综合衡量，这样你说出的话才有分量。

（4）不要不负责任地肯定或否定他人的做法。

调解纠纷，要顾及双方立场

当别人发生矛盾争论的时候，如果不慎自己夹在了中间，那种滋味既尴尬又难受。作为一场争论的局外人，如何打圆场，将争论双方的干戈化为玉帛，是一件非常不容易的事情。打圆场运用得好，可以融洽气氛、增进感情、消除误会、缓和矛盾、平息事端。如果没有调节好，打圆场不成，反而会激化争论方的矛盾，惹祸上身。所以，我们在充当和事佬的时候，一定要注意公平公正的原则。

公平、公正就是指让自己站在不偏不倚的角度，肯定双方的观点，再晓以利害，调和争论方彼此的利益。如果偏帮某一方，只能火上浇油，还不如一开始就不去调节。

清末的陈树屏口才极好，善解纷争。他在江夏当知县时，张之洞在湖北任督抚，谭继询任抚军，张谭两人素来不和。一天，陈树屏宴请张之洞、谭继询等人。当座中谈到长江江面宽窄时，谭继询说江面宽是五里三分，张之洞却说江面宽是七里三分。双方争得面红耳赤，使得本来轻松的宴会氛围一下子变得异常尴尬。

陈树屏知道两位上司是借题发挥，故意争闹。为了缓和宴会气氛，又不得罪两位上司，他说："江面水涨就宽到七里三分，而落潮时便是五里三分。所以两位大人说得都对。"

陈树屏巧妙地将江宽分解为两种情况，涨潮和落潮，让张谭两人的观点在相应的情况下都显得正确。他们两人听了下属这么高明的圆场话，也不好意思再争下去了。

有时候，争执双方的观点明显不一致，这时就不能和稀泥。如果你能把双方的分歧点分解为事物的两个方面，让分歧在各自的方面都显得正确，那么这必定是一个上乘的办法。

同样，在调解纠纷时，不需要对矛盾的双方进行批评指责。相反，分别赞美争执的双方，肯定他们各自的价值，给予其充分的尊重，使他们感到再争执下去只会损害自己的形象，这样双方就会自觉放弃争吵。

总之，顾及纠纷双方的心态及立场，尊重他们的自尊，给足其面子，是成为打圆场高手的必备武器，也是让他人交出信任的不可或缺之要素，更是相当重要的为人之道。一个人如果能掌握以下几点要求，就能顺利地解决发生在自己周围的争议，得到他人的尊重和信服。

（1）和事佬在调解纠纷时，要使自己的意见易于被接受调解的对象所认可，可采取赞同法，即强调纠纷双方在某一方面的一致性，如强调纠纷双方共同的愿景等。

（2）言辞恳切，合法合情。让被调解双方处于和平解决事情的氛围当中，减少兵戎相见的争端。调解语言要适当调换，使之既合法又合情，不可生搬硬套，必须根据调解对象的不同心理特点来选用不同的调解语言。

（3）忠言不逆。调解者要抓住调解对象自尊、爱面子的心理，从维护双方名誉出发，晓之以理，动之以情，公正地说出现实，又不失逻辑地进行分析，使忠言的表达深刻得体。

（4）在调解纠纷时，如果双方争论不休，各执己见，那么充当和事佬的人应立刻意识到该岔开话题，转移双方注意力。

（5）忌急于求成。人们常说，善弈棋者，每每举一而反三。做别人的思想工作也好比下棋，也要珍视这"三步棋"的做法，要耐心细致，再三斟酌地说教。

（6）忌官腔官调，以普通人的姿态出现在调解对象面前，不要以高高在上、唯我独尊、主观武断的态度和指手画脚、发号施令的作风来做和事佬，没有人愿意听这种人对自己说教。

（7）忌空洞说教。思想观点要明确，语言要朴实新颖，语气要委婉。

不当的幽默会让人陷入窘境

言语幽默的人处处受人欢迎，更容易获取成功的机会。英国著名戏剧家莎士比亚说过："幽默和风趣是智慧的闪现。"法国作家雷格威更断言："幽默是比握手更进步的一大文明。"幽默是人与人交往时的润滑剂，有了它我们可以在人际交往中表现得游刃有余。不过，恰当的幽默会助人成功，但不当的幽默也会让人陷入窘境。事实上，幽默是有很多禁忌的。

首先，忌目的不明确，尺度不适当。这恰如用杠杆去撬一块石头，目的是搬石头，所以弄清石头的支点在哪里是关键。幽默的尺度，就是幽默的支点。找准这一支点，能缓解气氛；找不准，将成为社交场合的破坏性炸弹。

通常，人们所运用的都是嘲讽假的丑的，颂扬真善美的道德尺度。即对幽默题材对象运用正确的道德评价，不用愚昧去嘲笑科学或用错误的标准去攻击正确的事物。

其次，忌拿庄严的事物当作幽默的对象。比如说民族、国家、社会制度和人生的信仰等。

再次，开玩笑、玩幽默，同样应注意有礼的问题，污秽、粗俗之物不可拿来幽默。避开这些题材，并非幽默的特殊要求，而是一般社交中应注意的礼貌常识。比如，一些以性题材为幽默的点子，在熟悉的人群中可以说，公共场合却要谨而慎之。另外，幽默语言不可在伦理辈分上占便宜。一些趣味低级的人往往喜欢找空隙给身边的同事当一会儿"父亲"或是"爷爷"之类的，这样会闹得彼此都不开心。

最后，面对不如自己的人少调侃，少拿别人的疮疤来当娱乐话题。

综上而言，幽默不可不注意对象的地位和一些背景。掌握了幽默中的禁忌，才能让人喜爱、处处受欢迎，人际关系才能融洽、和谐。我们可以从下面 4 点来强化掌握幽默分寸的技巧。

（1）巧用停顿，"滚雪球"幽默最容易让人接受。例如，在会上发言，某领导说："今天，我要讲很长的话——"全体与会者发出叹息。他接着说："大家是不欢迎的！"听众释然，鼓掌。"但是，有些话必须要说——"全体"熄火"。领导继续道：

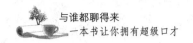
"不过，我会争取在 10 分钟之内说完。"大家这才松了一口气。这种淡淡的幽默有利于调解开会气氛，还容易调动听众的情绪。

（2）有些不能说的话，用幽默来委婉劝说比较合适。

（3）冷笑话不是所有人都能正确解读的，所以尽量少在人前讲冷笑话。

（4）遇到不能拿别人开玩笑的时候，拿自己开玩笑不失为一个调解气氛的方式。

谨慎用语，避免语言的冲突

语言上冲突的表现形式是多种多样的，比如反问、责问、嘲骂、谩骂等，有时候还会表现在一些体态语中，比如皱眉头、不屑一顾等。

人际交往中的语言冲突是十分有害的。它很容易造成一些尴尬的局面，甚至产生不可预想的结果，这对交往是十分不利的。所以，在与人交谈的过程中，应极力避免冲突。要避免冲突首先就要提升自身的修养，避免与他人起冲突。其次，对于别人无意间的语言冲撞也要表现出应有的大度，让自己占据主动优势。最后，即使是别人有意冲撞，你对之进行反驳时，也要严守一个度，把握住应有的分寸，否则就会造成不必要的损失。

如果双方冲突的局面已经形成，你不妨采用下列的办法一试。

1. 暂时回避

当你在演讲中，或与人接触受了一些气时，最好是先让自己冷静，用一切方法来解除自己的烦恼，直到心情恢复为止。

2. 一笑了之

对于那些生活中无伤大雅、争论起来也无甚意义的冲撞，不妨像苏格拉底一样诙谐对待，一笑了之。

3. 先声夺人

在你洞明对方故意耍弄手腕，欲寻衅冲撞时，就可抓住其要害，先发制人，开门见山、旗帜鲜明地亮出自己的观点。这不啻给对方以当头棒喝，给了他一个下马威，从而避免了冲撞。

特别值得提醒的是，避免言语冲撞不能靠谩骂、翻白眼、斗殴等消极的方式，否则，不但不能避免冲撞，反而会使冲撞加剧，使势态更加恶劣。

谨慎用语，力避冲撞，这是人际交往中不能不加注意的重要点，特别是那些涉世未深、年轻气盛的年轻人更要注意。

当然，如果你面前是一位野蛮、粗俗、无理的人，你可以采取据理力争的方法，坚持原则，绝不迁就软弱，争端自然会解决。

双方相争，必有一伤，也可能两败俱伤，所以在与别人交往的过程中，必须要注意避免语言冲突，以免让情形不可收拾。

第七章　说好攻心话，说服其实很简单

给对方一个好的名声

要说服一个人，最好先把他抬高，给他一个超乎事实的美名，就像用《灰姑娘》故事里的仙棒，点在她身上，会使她从头至脚焕然一新一样。

从孩子的天性中，我们可以发现一点：当我们称赞夸奖他们时，他们是何等高兴、满足。其实，我们所称赞的优点他们并不一定具有，而只是我们期望他们做到这点而已。这就是一种典型的戴高帽之例。在我们与人交往时，何不效仿这一做法？不管是大人还是小孩子，都喜欢别人给自己一个美名，如果他们没有做到这一点，他们内心也会朝此目标努力，因为他们知道这样就可以得到一个美名，获得他人的赞许。

假如一个好工人变成了粗制滥造的工人，你会怎么做？你可以解雇他，但这并不能解决任何问题；你也可以责骂那个工人，但这只能引起怨怒。

亨利·汉克，是印第安纳州洛威市一家卡车经销商的服务经理，他公司有一个工人，工作每况愈下。但亨利·汉克没有对他吼叫或威胁他，而是把他叫到办公室，跟他进行了坦诚的交谈。

他说："希尔，你是个很棒的技工。你在这里工作也有好几年了，你修的车子也都很令顾客满意。有很多人都称赞你的技术好。可是最近，你完成一件工作所需要的时间却加长了，而且你的质量也比不上你以前的水平。也许我们可以一起想个办法来解决这个问题。"

希尔回答说，他并不知道自己没有尽到职责，他向上司保证，自己以后一定改进。

他做到了吗？他肯定做到了。他曾经是一个优秀的技工，他怎么会做些不及过去的事呢？

包汀火车厂的董事长撒慕尔·华克莱说："假如你尊重一个人，这个人是容易被诱导的，尤其是当你显示出你尊重他是因为他有某种能力时。"

对于那些地位显赫、有权有势的人，想要说服他，更要学会先抬高后说服的策略。

古代，有位宰相请理发师给他修面。那理发师修面修到一半时，忽然停下来，两眼直愣愣地看着宰相的肚皮。

宰相见理发师傻乎乎发愣的样子，心里很纳闷：这平平板板的肚皮有什么好看呢？就问道："你不修面，却看我肚皮，这是为什么呢？"

"听人们说，宰相肚里能撑船，我看大人您的肚皮并不大，怎么可以撑船呢？"

宰相一听，哈哈大笑。

"那是讲宰相的度量十分大，能容天容地容古今，对鸡毛蒜皮的小事从不斤斤计较。"

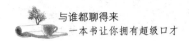

理发师一听这话，"扑通"一声跪倒在地，哭着说："小人该死，方才修面时不小心，将大人您的眉毛刮掉了，万望大人大德大量，恕小的一罪！"

宰相听说自己的眉毛被刮掉了，不禁怒从心起，正想发作，转念一想：刚才自己还讲宰相的度量很大，我又怎好为这点小事给他治罪呢？于是，只好说："不妨，用眉笔把眉添上就行了。"

聪明的理发师以曲折迂回之法，层层诱导宰相进入自己早已设定的能进难退的"布袋"中，避免了一场灾难。

假如你要从某方面去改变一个人，就假装他已经有了这种杰出的特质。莎士比亚曾说："假如他没有一种德行，就假装他有吧！"给他一个好的名声来作为努力的方向，他就会找到目标，努力向上，而不愿看到自己的美名丢失。

耐心，耐心，再耐心

在说服别人的过程中，只要说服者自己坚持不懈，不久所有的顾虑就会一扫而光，包括初期谈话的恐惧，渡过这一关，说服者就会自信地说下去。

一旦决定说服对方，并且拥有正确的观点，就不要过于心急，因为说服过程中存在一定的障碍是正常的。当然，如果人家听了你说服的话，立刻点头叫好，这自然是最妙不过的。但现实中，这种情况并不多见。别人的看法、想法、做法，不是一天形成的，因此，要对方改变看法也绝非一日之功。即使对方当时可能被你说服，但回去之后也有可能会反悔。

正确的做法第一要耐心，第二要耐心，第三还是要耐心。

当你不能说服对方，甚至被人抢白一顿的时候，不要生对方的气，更不能生自己的气。"算了，管这闲事干什么？"这种想法是不应该有的。

说服是一项长期的工作，只有有条不紊、循序渐进才能成功。对于"成见"这座山，今天挖一个角，明天铲一块土，逐步解释一些细节和要点，日积月累，"成见"就会渐渐消除了。

在你做好足够的心理准备之后，你还应该清楚有时候别人不难被你说服，但他身后存在着庞大的力量，被人怂恿几句，思想又会波动。所以，你面对的可能不是一个人，而是一群人，鉴于此，你应当从各方面增加自己的力量。比如，你可以给对方介绍一些有益的书籍、一部好电影，也可以找一些与你见解相同的人一起帮你做说服工作。通过这一系列的工作，不但可以帮助对方，而且对你也是一个促进，因为你也从侧面的工作中提高了自己。

一位记者曾经问过爱迪生，他是怎样面对10000次新发明的失败的，爱迪生说："年轻人，既然你的人生才刚刚起步，我就要告诉你些有益的秘密。我不是失败了10000次，而是成功地发现了10000个方法不适用。"爱迪生接着说，为了改进白炽灯的质量，他进行了14000个实验。

麦当娜有限公司职员瑞克·克拉克很赞同爱迪生的说法，并将之贴在墙上：

世界上没有比耐心更有价值的东西，没有任何东西可以取而代之。

全才不能取代耐心，是全才而没有成功的人比比皆是。

天才不能取代耐心，没有贡献的天才只会成为一个笑柄。

教育不能取代耐心，世界上有的是受过高等教育的弃儿。

每个人都有其软弱的一面，只要你有耐心多试一次就能攻克它。假设你是一位销售人员，当顾客告诉你他们不买时，你有充足的理由继续你的推销。顾客说"不"并不意味着顾客不想买，可能是顾客需要一种更具感染力的服务。谦恭有礼的推销几乎使顾客不忍拒绝，当然，这要在恰当的时机加以恰当的利用，一个好的推销员应该在顾客告知不买之后仍能孜孜以求，尽力达成这笔交易。一个出色的推销员总是不放弃多试一次的机会。费城电器公司的范勃，也有过同样的发现。

范勃先生正在宾夕法尼亚州一个富庶的荷兰农民区做视察访问。他经过一户整洁的农家时，问该区的代表："这些人为什么不爱用电？"那代表显得很烦恼地说："他们都是些守财奴，你绝不可能卖给他们任何东西。而且他们对电器公司很讨厌，我已经跟他们谈过，毫无希望。"

范勃相信区代表所讲是实在的，可是他愿意再尝试一次。他轻敲这户农家的门——门开了个小缝，年老的特根保太太探头出来看。范勃先生叙述当时的经过情形是这样的：

"这位老太太看到是电器公司代表，很快把门关上。我又上前敲门，她再度把门打开，这次她告诉我们她对我们公司很反感。我向她说：'特根保太太，我很抱歉打扰了你，我不是来向你推销电器的，我只是想买些鸡蛋。'她把门开得大了些，探头出来怀疑地望着我们。我说：'我看你养的都是多敏尼克鸡，所以我想买一打新鲜的鸡蛋。'

"她把门又拉开了些，说：'你怎么知道我养的是多敏尼克鸡？'她似乎好奇起来。我说：'我自己也养鸡，可是从没有见到过比这里更好的多敏尼克鸡。'这位特根保太太怀疑地问：'那么你为什么不用你自己的鸡蛋？'我回答她说：'因为我养的是来亨鸡，下的是白蛋——你是会烹调的，自然知道做蛋糕时，白鸡蛋不如棕色鸡蛋好。我太太对她做蛋糕的技术，总感到很自豪。'

"这时，特根保太太才放胆走了出来，态度也温和了许多。同时，我看到院子里有座很好的牛奶棚。我接着说：'特根保太太，我可以打赌，你养鸡赚来的钱，比你丈夫那座牛奶棚赚的钱要多。'

"她听得高兴极了，当然是她赚得多！她很高兴地对我讲到这点，可是她却不能使她那个顽固的丈夫承认这件事。她请我们去参观她的鸡房，在参观的时候，我真诚地称赞她养鸡的技术，还找了很多问题问她，并且请她指教。同时，我们交换了很多的经验。"

"这位特根保老太太突然谈到另外一件事上，她说这里几位邻居，在她们鸡房里都装置了电灯，据她们表示有很好的效果。她征求我的意见，如果她用电的话，是不是划得来。两星期后，特根保老太太的鸡房里，多敏尼克鸡在电灯的光亮下，跳着叫着。我做成这笔交易，她得到更多的鸡蛋，双方皆大欢喜，都有利益。"

范勃先生不因电器公司以往的失败而退却，依然抱有足够的耐心去进行新的尝试，如果不再尝试一次——抱有十足的耐心，心平气和并且找到投顾客所好的切入点——范勃先生的电器公司将无法将电器卖给这位荷兰农妇。

一个人的希望，再加上坚忍不拔的意志就能产生创造性的力量。

一件看似极困难的事情，如果你能够秉持坚持成功的信念，那么继续努力下去，必能得到应有的回报。正应了人们常说的一句话："机会永远属于具有顽强的意志和坚定的信念的人。"

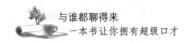
从双方都同意的事情说起

　　要想和别人建立合作关系，在与人交谈的时候必须记住至关重要的一点：不要从分歧开始，而要从双方都同意的地方开始。这么做能够让对方意识到你们的目标是一致的，不同的只是方法而已。谈话的开始阶段极为重要，如果你从一开始就使对方说"是"，你将获得事半功倍的效果；反之，你将面临重重障碍。

　　一位心理学家说过，最难突破的心理障碍就是那个"不"字，当一个人说了"不"，他的尊严就会要求他无论对错都要坚持到底。这种心理模式很容易理解，一个人在说了"不"之后，他的心理状态就会倾向于否定，他全身各组织器官——神经系统、内分泌系统、肌肉等全都呈现出抗拒的状态，如果你注意观察，你甚至能看到他的身体在收缩。如果对方一开始就说了"是"，那么在后面的谈话过程中，他的心理状态就会倾向于肯定，他的身体也呈现出接受和开放的状态。

　　许多人喜欢和别人的观点相左，这样做能使他们感到自己更有分量。但事实上，这样做没有什么好处。如果他们只是想找"有分量"的感觉，也许还说得过去；如果他们想实现什么目标的话，这种做法就太愚蠢了。因为要使对方在一开始就说"不"很容易，但是要想把这个"不"变成"是"就太难了，即使你付出 10 倍的努力也不一定能使他改变态度。

　　格林尼治储蓄银行的出纳詹姆士·艾伯森先生就曾经用这种方法挽回了一位差点失去的客户。

　　艾伯森说道："有个年轻人走进来要开个户头，我递表格给他

填写，有些问题他答复得很爽快，有些问题他则断然拒绝答复。

"在我没有弄懂人际关系以前，我会告诉这个客户，假如他拒绝给银行完整的资料，我们就很难让他开户。但是今天早上，我知道最好不要谈及银行需要什么，而是客户需要什么。所以我决定从一开始，就先诱使他回答：'是的，是的。'于是，我先同意他的观点，告诉他，那些他所拒绝回答的资料，其实并不是非写不可。

"我又说：'但是，假定你碰到意外，是不是愿意银行把钱转给你所指定的亲人？'

"他回答：'是的，当然愿意。'

"那么，你是不是认为应该把这位亲人的名字告诉我们，以便我们届时可以依照你的意思处理，而不致出错或拖延？

"他再度回答：'是的。'

"年轻人的态度已经缓和下来，知道这些资料并非为银行着想，而是为了他个人的利益。所以，最后他不仅填写了所有资料，还在我的建议下开了一个信托账户，指定他母亲为法定受益人。当然，也回答了所有与他母亲有关的资料。

"由于一开始就让他回答：'是的，是的。'反而使他忘了原本的问题所在，高高兴兴地去做所有我建议的事。"

和艾伯森的经历相仿，爱力逊的一次亲身经历也证明了类似的道理：

西屋公司推销员爱力逊，说出他的一段故事：

"在我负责的推销范围区域内，住着一位有钱的大企业家。我们公司极想卖给他一批货物，过去那位推销员几乎花了10年的时间，却始终没有谈成一笔交易。我接管这一地区后，花了3年时间去兜揽他的生意，经过 3 年不断访问和会谈，对方才只买了几座发动机。可是，我是这样想的——如果这次买卖做成，发动机没有毛病，以后他还会买我几百座发动机。发动机会不会发生故障、毛病？我知道这些发动机是不会有任何故障、毛病的。

"过了些时候，我去拜访他们公司。我原来心里很高兴，可是这份高兴似乎是太早了，里面一位工程师见到我就说：'爱力逊，我们不能再多买你的发动机了。'

"我心头一震，忙问：'什么原因？'

"那位工程师说：'你卖给我们的发动机太热，我不能将手放在上面。'

"我知道如果跟他争辩，不会有任何好处的，过去就有这样的情形，现在，我想运用如何让他说出'是'字的办法。

"我向那位工程师说：'史密斯先生，你所说的我完全同意：如果那发动机发热过高，我希望你就别买了。你当然不希望发动机的热度超出电工协会所定的标准，是不是？'

"他完全同意。我获得他第一个'是'字。

"我又说：'电工协会规定，一架标准的发动机，可以较室内温度高出 72 $°F$，是不是？'

"他同意这个见解，说：'是的，可是你的发动机却比这温度高。'

"我没和他争辩，我只问：'工厂温度是多少？'

"他想了想，说：'嗯——大约 75 $°F$。'

"我说：'这就是了，工厂温度 75 $°F$，再加上应有的 72 $°F$，一共是 147 $°F$，这么高的温度是不是很热？'

"他还是说'是'。

"我向他提出这样一个建议：'史密斯先生，你别用手碰那架发动机，那不就行了！'。

"他接受了这个建议，说：'我想你说的对。'我们谈了一阵后，他把秘书叫来，为下个月订了差不多 3 万多元的货物。

"我费了多年的时间，损失了数万元的买卖，最后才知道，争辩并不是一个聪明的办法。要从对方的观点去看事，设法让别人回答'是，是'，那才是一套成功的办法。"

希腊大哲学家苏格拉底，是个风趣的老小孩儿，他一向光脚不穿鞋，40 岁时已秃顶光头。他对世人的贡献，有史以来能跟他相比的不多。他改变了人们思维的途径，直到今天，还被尊为历来最能影响这个纷扰世界的劝导者之一。他运用了什么方法？他曾指责别人的过错？不，苏格拉底绝不会这样。他的处世技巧，现在被称为"苏格拉底辩证法"，就是以"是，是"作为他唯一的反应观点。他问的问题，都是他的反对者所愿意接受并同意的。他连续不断地获得对方的同意、承认，到最后，反对者在不知不觉中，接受了在数分钟前自己还坚决否认的结论。下次当我们要指出人们的错误时，我们要记住赤足的苏格拉底，并且问一个能够获得对方"是，是"反应的和缓问题。

让对方说"是"往往比让他说"不"有利，强硬地批评或指责对方往往就是说"不"的诱因，为什么不换一种战术来让他接受你的建议呢？

任何一位高效的沟通者，都会在不知不觉中使用一些技巧来达到他们的目的，而让对方说"是"无疑是其中的一个好办法。它为双方节约了大量的时间，那些毫无意义的思考，带来的结果往往并不能令人满意。

因此，学会运用这一技巧很重要，同时也非常实用。

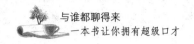
从得意事说起，进行说服

每个人都有一些自己认为值得终身纪念的事。如果能预先打听清楚，在有意无意之间，很自然地提到对方得意的事情，只要他对你没有厌恶的情绪，在正常的情况下，他一定会高兴地听你说的，当然，此时说服他就容易得多了。

在说服的时候当然要注意技巧，表示敬佩时，不要过分推崇，否则会引起他的不安。对于事情的关键，要慎重提出，加以正反两方面的阐述，使他认为你是他的知己。到了这种境地，他自然会格外高兴，会亲自讲述，此时你应该一面听，一面说几句表示赞赏的话，如此一来，即使他是个冷淡的人，也会变得和蔼可亲。你再利用这个机会，稍稍暗示你的意思，进行试探，作为第二次进攻的基点。这是你说服他的初步成功，对于涉世经验不丰富的人来说，得此成绩，已不算坏。假如想一举成功，除非对方与你素有交情，又正逢高兴的时候，而且对你的谈吐也很容易接受，否则千万不要存此奢望。

不过，至于对方得意的事情要从哪里去探听，那当然要另谋途径，试着在你的朋友之中找一下有没有与对方交往的人，如果有，向他探听当然是最容易的。如能留心报纸上的新闻或其他刊物上的消息，平日记牢对方的得意之事，到时便可以应用。此外，随时留心交际场合中的谈话，像这些时候谈到对方得意的事情，也是很平常的。但是必须注意，对方得意的事情，如果曾遭到某种打击，千万别再提起，以免引起对方不快，反而对你不利。因为对方在高兴的时候，对你的请求，易于接受；在对方不高兴的时候，虽是极平常的请求，也会遭到拒绝。比如，对方新近做成了一笔生意，你称赞他目光精准，手腕灵活，引得他眉飞色舞，再乘机暗示来意，是个好机会。诸如此类的例子很多，全在于你随时留心，善于利用。

不过，当你提出请求时，第一，要看时机是否成熟；第二，说服过程中要不卑不亢。过分显出哀求的神情，反而会引发对方藐视你的心理。尽管你的心里十分着急，但说话时还是要表现得大方自然，同时不要只为自己打算，而是要说出为对方着想的理由来。

发现对方弱点，逐步施加影响

当你想改变一个人做某一件事的方法，将新方法推荐给他时，他不一定愿意采用你的新方法，他会感觉还是老方法好。即使你是上司，推荐方法时也要记得，说服总比强迫好，用说服的方法会使你得到更大、更长远的好处。

说服时，你的目的不外是让他抛弃其旧思想，接受你的新思想，但是除非他完全相信你的新思想好于他的旧思想，他才可能放弃旧思想，接受你的新思想。为了使别人更顺畅地接受你的思想，要引导他客观地检查他自己的情况，以便于你指出他的弱点。

当你发现对方弱点的时候，你就可以用这个弱点说服他接受你的观点。当他明白那确实是他弱点的时候，他就会敞开胸怀接受你的建议。当你想说服某人接受你的观点时，最好是先让他开口说话，让他替自己的情况辩护，使他在辩护中暴露出自己的弱

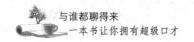

点，这样，你就可以用这些弱点攻破他的防线。

你怎么才能让他透露他的观点呢？不妨向他提一些主要的问题。为了尽快掌握这种方法，让我们听听一家大公司的企业关系部主任谢利·贝内特女士是怎么说的。

"如果我的一个新计划或者一种新思想遭遇一个雇员的阻碍，我总会想方设法听听他的意见。"贝内特女士说，"他的意见总能给我一些提示，让我找到向他发问的门路。因为他在谈话中，会多多少少暴露出一些弱点，实际上，他也知道这些弱点。这些弱点对我都是大有帮助的。我请他把反对理由的要点再考虑几次，然后通过询问他还有什么其他想补充的以发掘更多的情况。

"通过询问一系列的问题，我能够得知他认为是重要的各种情况。在宣布我的主张之前，我要告诉他我对他的观点很感兴趣。一开始我让他多讲话，但绝不让他操纵这次对话。我要通过提问来控制形势，我越问，他的话就会越少，到后来就会张口结舌。这样，我就完全掌握了主动权。如果你想确保你的思想方法能战胜对方的思想方法，你就让他设身处地发现他自己的弱点，那样他就会心甘情愿地接受你的观点了。"

你可以像贝内特女士那样做，让说服对象先发表他们的看法，从中你就能发现他们的弱点。当他们意识到自己谈话中有漏洞的时候，就会更愿意接受你的观点。

巧用"指桑骂槐"，说好攻心话

指桑骂槐（漂亮的别名叫"春秋笔法"），即明明对某人某事不满，但并不直接进行攻击，而是采用迂回的方式表露自己的意愿。

有个人在朋友家做客，天天喝酒，住了很久还没有要走之意，主人实在感到讨厌，但又不好当面驱逐。

一次两人面对面坐着喝酒，主人讲了这么一个故事："在偏僻的路上，常有老虎出来伤人。有个商人贩卖瓷器时路过一个偏僻的地方，忽然遇见一只猛虎，张着血盆大口，扑了过来。说时迟，那时快，商人慌忙拿起一个瓷瓶投了过去，老虎不离开，又拿一瓶投了过去，老虎依然不动。一担瓷瓶快投完了，只剩下最后一只，于是他手指老虎高声骂道：'畜生！你走也只有这一瓶，你不走也只有这一瓶！'"

客人一听，拔腿就走了。

主人明说老虎暗指客，这种暗示性的警告达到了逐客的效果，避免了主客的正面交锋。

对于某些人的愚蠢行为，通常应该直言不讳，立马制止，然而，在某种特殊情况下对某些特殊人物，直接进行口舌交锋，往往达不到你要的效果。此时，指桑骂槐的说服手法就派上用场了。

当一个上司要责备属下时，也可以使用这种技巧。譬如，虽然你明明是要责备与你关系一般的乙的不是，但你并不正面指责，而以指桑骂槐的方式来责备与你关系较近的甲，因为此时你若是责备乙，乙的心里必感到难受，对日后的改进不见得就会有效，何况你们二人之间尚有一段距离。

但是为何又要责备甲呢？因平时你与甲之间不存在隔阂，即

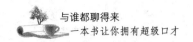
使甲也犯了同样的过错而受到上司的指责，也不会感到十分在意。但是，因为当时乙也在场，他听后心里会想"原来这样的过错我也犯过"，于是你的目的便达到了。

而此时的乙也绝不会认为"反正这是别人的错，不关我的事"，反而会因为"原来上司是在说我，但他并不责骂我，反而责骂他人来顾全我的脸面"而感激不尽。

指桑骂槐的好处，在于不直接针对具体对象，然而通过故事的情境性，又能转换出受众对强调之物的感受——所谓说的是那里的闲话，指的其实是这里的事情。

营造对方说"是"的氛围

一个人的思维是有惯性的，当你朝某一个方向思考问题时，你就会倾向于一直考虑下去，这就是有些人一旦沉醉于某些消极的想法之后，就一直难以自拔的原因。在人际交往中，我们应懂得并善于运用这一原理。与人讨论某一问题时，不要一开始就将双方的分歧亮出来，而应先讨论一些你们具有共识的东西，让对方不断说"是"，渐渐地，你再开始提出你们存在的分歧，这时对方也会习惯性地说"是"，一旦他发现，也可能已经晚了，只好继续说"是"。

日本有个聪明绝顶的小和尚，他的名字可谓家喻户晓：一休。有一次，大将军足利义满把自己最喜爱的一个龙目茶碗暂时寄放在安国寺，没想到被一休不小心打碎了。就在这时，足利义满派人来取龙目茶碗。大家顿时大惊失色，不知所措，茶碗已被一休打碎，拿什么去还呢？

一休道："不必担心，我去见大将军，让我来应付他吧！"

一休对将军说："有生命的东西到最后一定会死，对不对？"

足利义满回答："是。"

一休又说道："世界上一切有形的东西，最后都会破碎消失，是不是？"

足利义满回答："是。"

一休接着说："这种破碎消失，谁也无法阻止是不是？"

足利义满还是回答："是。"

一休和尚听了足利义满的回答，露出一副很无辜的神情接着说："义满大人，您最心爱的龙目茶碗破碎了，我们无法阻止，请您原谅。"足利义满已经连着回答了几个"是"，所以他知道此事不宜再严加追究，一休和尚便安然地渡过了这一难关。

在说服中，可以先巧设陷阱，在对方没有防备的情况下，诱其说"是"。让对方多说"是"的好处就是使对方在不知不觉中一步步坠入圈套，这时候你便牵住了他的"牛鼻子"，对方于是不得不"就范"。

促使对方说是的方法很多，最简单的方法就是以双方都同意的事开始谈话，这样就可以让对方多说"是"，少说或不说"不"。

很多人先在内心制造出否定的情况，却又要求对方说"是"、表现出肯定的态度，这样做是不可能让对方点头的。假如你要使对方说"是"，最好的方法是制造出他可以说"是"的气氛，然后慢慢诱导他，让他相信你的话，他就会像是被催眠般地说出"是"。

换句话说，你不要制造出他可以表示否定态度的机会，一定

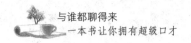
要创造出他会说"是"的肯定气氛。

以下是几条使对方点头称"是"的妙方。

（1）从双方都同意的事情开始谈话，这样就可让对方多说"是"。

（2）制造出一种可以说"是"的氛围，然后慢慢诱导对方。

（3）在你向对方发问，而对方还没有回答前，你要先点头称"是"。

将历史的经验和教训作为论据

以史为鉴，于人可以知得失，以古为鉴，于国可以知兴替，小到立身，大到治国，历史都是一面镜子。因此，在辩说中引用历史的经验和教训作为论据，极富说服力。

1937年10月11日，罗斯福总统的私人顾问亚历山大·萨克斯受爱因斯坦等科学家的委托，在白宫与罗斯福进行了一次会谈。会谈的主要目的是，要求总统重视原子能的研究，抢在德国之前造出原子弹。

萨克斯先向罗斯福面呈了爱因斯坦的长信，接着读了科学家们关于发现核裂变的备忘录，然而，总统对这些枯燥、深奥的科学论述不感兴趣。虽然萨克斯竭尽全力劝说总统，但罗斯福最后还是说了一句："这些都很有趣，不过政府在现阶段干预此事，似乎还为时过早。"这一次的交谈，萨克斯失败了。第二天，罗斯福邀请萨克斯共进早餐。萨克斯十分珍惜这个机会，决定再尝试一次。

一见面，萨克斯尚未开口，罗斯福便变守为攻，说："今天我们吃饭，不许再谈爱因斯坦的信，一句也不许谈，明白吗？"

萨克斯望着总统含笑的面容说："行，不过我想谈一点历史。"因为他知道，总统虽不懂得物理，对历史却十分精通。

"英法战争期间，"萨克斯接着说，"在欧洲大陆一往无前的拿破仑，在海战中却不顺利。这时，一位年轻的美国发明家罗伯特·富尔顿来到这位伟人面前，建议把法国战舰上的桅杆砍断，装上蒸汽机，把木板换成钢板，并保证这样便可所向无敌，很快拿下英伦三岛。但是，拿破仑却想，船没有帆就不能航行，木板换成钢板船就会沉没。他认为富尔顿是个疯子，把他赶了出去。历史学家在评价这段历史时认为，如果拿破仑采取富尔顿的建议，19 世纪的历史将会重写。"

萨克斯讲完后，目光深沉地注视着总统，发现总统已陷入了沉思。

过了一会儿，罗斯福平静地对萨克斯说："你胜利了！"萨克斯激动得热泪盈眶，他明白胜利一定会属于盟军。

至此，萨克斯的借古谏君术大功告成。

引用史实可以充分发挥历史事实、典故无可辩驳的说服力，生动形象而且引人入胜，有助于人们从中得出结论。

值得注意的是，所用事例要避开那些已被广泛应用的材料，因为那样会让人觉得平淡无味，使人丧失兴趣，当然也达不到预期的效果。

利用同步心理，说服其实很简单

什么是同步心理呢？同步心理就是凡事都想跟他人同步调、

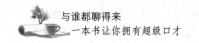

同节奏，也就是"追随潮流主义"，是那种想过他人向往的生活、不愿落于潮流之后的心理。目前，这种同步心理相当严重。"大家都这样"等字眼的频繁使用，正是这种从众心理的体现。

妻子："听说小张买了房子，而且还是套小型花园别墅，总共有90平方米。真好啊！我们的一些朋友都已经陆续有了自己的家。唉，真是让人羡慕，什么时候我们也能和他们一样呢？"

丈夫："啊，小张？真是年轻有为啊！我们也得加快脚步才行，总不能在这里待上一辈子吧。可是贷款购房利息又沉重得惊人。"

妻子："小张还比你小5岁呢！为什么人家可以，你就不行呢？目前贷款购房的人比比皆是，况且我们家也还负担得起，试试看嘛！不如这个星期我们去看看吧。现在正是促销那种花园别墅的时机呢。买不买是另一回事，看看也不错！"

于是星期天一到，夫妇俩就带着孩子去参观正在出售的房子。

妻子："这地方真好啊！环境好又安静，孩子上学也近，而且房价也是我们负担得起的。一切都那么令人满意，不如我们干脆登记一户吧！"

丈夫："嗯，是啊！的确不错。我们应该负担得起。就这么决定吧！"

这句话正中妻子的下怀。她早看准了丈夫的决心一直在动摇，于是用旁敲侧击的方法让他做出决定，这是妻子的成功所在。

这位妻子为何能够如愿以偿呢？因为她懂得去激发丈夫的同步心理。

上述例子中的妻子成功地掌握了丈夫的心理，进而采取相应的说服对策。她先举出邻居张先生的例子，继而运用"大家都买了房子""大家都不惜贷款购屋"等一连串话语来激发丈夫的同步心理。

通常，人们在受到这类刺激后就很容易变得没主见，掉入盲目附和的"陷阱"。因此，推销员或店员经常会搬出"大家都在用"或"有名的人也都用"等推销话语，促使人们毫不犹豫地接受。

以利益为说服导向

相信你一定经历过，在说服别人或想拜托别人做事情时，不管怎样进攻或恳求对方，对方总是敷衍应付，漠不关心。这时，你首先要消除对方心理上的漠不关心，然后再说服诱导。在推销方面，推销员为了唤起顾客的注意，并达到80%的购买率，往往是先诱导，后说服。

在英国工业革命方兴未艾时，以发明发电机而闻名的法拉第，为了能够得到政府的研究资助，去拜访时任首相的史多芬。

法拉第带着一个发电机的雏形，非常热情并滔滔不绝地讲述着这个划时代的发明，但史多芬的反应始终很冷淡，一副漠不关心的样子。

事实上，这也是无可奈何的事情，因为他只是一个政客，要他看着这种周围缠着线圈的磁石模型，心里想着这将会带来后世产业结构的大转变，实在是太困难了。但是，法拉第在说了下面这段话后，却使原本漠不关心的首相，突然变得非常关心起来，他说道："首相，这个机械将来如果能普及的话，必定能增加税收。"

显而易见，首相听了法拉第所说的话后，态度突然有了巨大

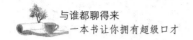
的转变。其原因就是这个发动机，将来一定会获得相当大的利润，而利润增加必能使政府得到一笔很大的税收，而首相关心的就在于此。

是的，通常我们行动的目的都是"为自己"，而非"为别人"。如果能够充分理解这一点，那么想要说服他人就会非常容易。只要了解对方真正想追求的利益何在，进而满足他的欲望，便可达到目的。但是，将这最基本条件抛于脑后的却也大有人在。他们没有满足对方最大的利益，一心一意只是想要满足自己的私欲。

某酒厂的负责人成功研发了新水果酒，为求尽快让产品打进市场，他决定说服总经理批准大量生产。

"总经理，又有新的产品研发出来了。这次的产品是前所未有的新发明，绝对能畅销。连我都喜欢的东西，绝对有市场性。我敢拍胸脯保证。"

"什么新产品？"

"就是这个，用梨汁酿制的白兰地。"

"什么？梨汁酿的白兰地？！那种东西谁会喝？况且喝白兰地的人本来就少，更甭说用梨汁酿的白兰地……就是我也不会去喝。不行！"

"请你再评估评估，我认为很可行。用梨汁酿酒本来就不多见，再加上梨子有独特的果香，一定很适合现代人的口味。"

"嗯，我觉得还是不行。"

"我认为绝对会畅销……请您再重新考虑一下。"

"你怎么这样唠叨？不行就是不行。"

"好歹也要试试看才知道好坏，这是好不容易才研发出来的呀！"

"够了，滚吧！"

最后，总经理终于忍不住发火。

这位负责人不仅没能说服总经理，反而砸掉了自己的名声。事实上，这样的劝说不仅充分显露不顾他人立场的私心，还打算强迫他人赞同自己的意见。碰到这种自私自利、妄自尊大、不知天高地厚的家伙，别人只会感觉："瞧他口气，根本是个主观主义者，只会考虑自己的家伙，还想把个人意见强加于别人！"如此一来，怎么可能赢得说服的机会呢？因此，无论如何，你都应该考虑以对方利益为出发点的劝说方式。

卡耐基研究会训练班中有一位学生，忧虑他的孩子。原因是这孩子体重很轻，不肯乖乖地吃东西。孩子的母亲通常要他吃这个、那个；父亲要他快快长大成人！这孩子会注意到这些话吗？他不会注意这些，也就像你不会去注意那跟你毫不相关的一次盛宴一样。一个没有一点常识的父亲，才会希望一个3岁的孩子，能对30岁父亲的见解，有所反应。

可是，那个父亲最后觉察出来，那是不合情理的。所以，他对自己说："那孩子需要的是什么？我如何将我所需要的，和他所需要的联结起来？"他开始想到那点时，问题就容易解决了。

他的孩子有一辆三轮脚踏车，那孩子喜欢在屋前人行道上踩着这辆三轮车玩。间隔他们几家的一个邻居家里，有个"很坏"的大孩子，他常把那小孩子推下三轮车，自己骑上。那小孩哭着跑回来，告诉自己母亲，他母亲出来，就把那"很坏"的大孩子推下三轮车，

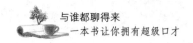

再让自己孩子坐上车子，像这样的情形，每天都发生。这小孩所需要的是什么？这问题不需要做深奥的探索。他的自尊，他的愤怒，他求得自重感的欲望都是他心中最强烈的情绪，这些情绪驱使他想报复、痛击这"很坏"的大孩子的鼻子！

他父亲这样告诉他：只要吃母亲要他吃的东西，他就会快快长大，将来可以把这个"很坏"的大孩子一拳打倒。当他告诉他的孩子那件事后，孩子的饮食已不再是问题了！现在这孩子菠菜、白菜、咸鱼等食物都爱吃。他希望自己快快长大，去打那个一再欺侮他的"暴徒"。

无论大人还是孩子，对于关于自身利益的总是特别关注。所以，如果想要改变别人，还是应该先多多考虑一下别人的利益，这样的利益导向可以带给你事半功倍的效果。

利用权威和角色说服对方

在说服别人的时候，抬出权威来说话，这就是"权威说服法"。有些推销人员在卖保险的时候，他们喜欢提到权威人士。他们说："你们工厂的经理也买我们的保险。"大家会说："我们公司的经理那么精明能干，他们都买你们的保险，看来你们的保险不错，买吧。"他没有经过很深的判断就这么做了。这就是利用了权威的心理。

有的时候没有这种权威人士给你做宣传，该怎么办呢？用数字、用统计资料。因为一般人认为数字是不会骗人的，所以你可以说：这家工厂用了我们的机器后，产量增加了20%，那个工厂用了我们的计算机后，效率提高了50％。你把这些数字拿给客户看，客户很容易就接受了。产品刚刚出现，还没有那么多客户，统计数字还太少的时候，还有一种方法，就是用前面顾客买了你的产品觉得满意后写来的信函。这个时候，这种做法对新顾客，对一些小的公司都能起一定的影响作用，这就是权威的心理。

"让你换成我，你该怎么办"，这种利用角色说服对方的方法利用了"角色扮演"，使对方有互换立场的模拟感觉，借此模拟感觉而达到说服对方的目的。

美国人际关系专家吉普逊认为，他的好友之一——某陆军上将之所以有今日之成就，完全得力于他拥有超人的说服技巧。吉普逊的这位朋友从小就憧憬着军旅生涯。1929年美国经济恐慌，人人被生活逼得走投无路，年轻人都一窝蜂挤入各兵种的军事学校。他特别钟情于西点军校，可是有限的名额早就被有办法的人占据了。他只是个升斗小民，于是，他鼓起勇气，一一拜访地方有头有脸的人物，不怕碰钉子，勇敢地毛遂自荐："我是个优秀青年，身体也很棒，我平生最大的意愿，是进西点军校、报效国家，如果您的子弟和我一样处境，请问这怎么办呢？"

没想到，这些有地位、人脉广的人物，经过他这么一说，十之八九都给了他一份推荐书。有的人更是积极为他打电话，拜托国会议员，终于，他成了西点军校的学生。

任何人对自己的事，总是怀着很大的兴趣和关切。这位年轻人如果不以"如果您的子弟和我一样"这种角色互换作为攻心战术的话，哪能有今日之成就？同样，诺司克力夫爵士和约翰·洛克菲勒也用过同样的方法。

已故的诺司克力夫爵士曾看到一份报上，刊登出一张他不愿意刊登的相片，他就写了一封信给那家报社的编辑。他那封信上没有这样说："请勿再刊登我那张相片，我不喜欢那张相片。"他想让对方做一个角色扮演，他知道每个人都敬爱自己的母亲，所以他在那封信上，换上另外一种口气说："因为家母不喜欢那张相片，所以贵报以后请勿刊登出来。"

当约翰·洛克菲勒要阻止摄影记者拍他孩子的相片时，他也让对方做一个角色扮演。他不说："我不希望孩子的相片刊登出来。"他知道每一个人的内心，都有不愿意伤害孩子的潜在欲念。他换了个口气说："诸位，我相信你们之中有很多都是孩子们的爸爸，让孩子们成了新闻人物，那并不是适宜的。"

要说服别人，先得使他进入情境，对你的问题感同身受，兴起关切之心。别人在回答"如果你是我……"的问题时，不自觉地便把自己投射在该问题中了，因此他的回答可以为我们提供较客观的解决方法。

第八章　说好赞美话，找到对方闪光点

挖掘别人不为人知的优点

当一个人处在众口一词的赞美中时，往往不会再把这种同一内容的赞美当回事，这时，如果你能找到别人都忽视了的优点来赞美，就必然能引起这个人的注意。因为人总是希望别人能尽可能多地发现自己的优点。

为了突出与众不同，给人留下深刻的印象，说话讨人喜欢者的赞美往往是独特的。比如，对一个健美冠军，他不会去赞美其长得真健壮、真美，因为电视、广播、报纸都已介绍过了，而且电视、广播、报纸的赞美不比我们的赞美更让人激动吗？此时，他会挖掘对方不明显的优点去加以赞美，比如赞美其烹调手艺等。爱因斯坦就这样说过，别人赞美他思维能力强，有创新精神，他一点都不激动，他作为大科学家，听这类话都已听腻了，但如果谁赞美他小提琴拉得真棒，他一定就会兴高采烈。

说话讨人喜欢者的赞美，从来不跟在别人后面人云亦云，而是竭力去挖掘别人一些不为人知的优点，表现其赞美的独特性，让人得到一些新的刺激，这样效果反而更好。

学会寻找和发现别人与众不同的成绩和长处，使你的赞美

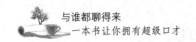

也巧妙地与众不同；经常既恰到好处又实事求是地赞美别人，别人就喜欢你，你就容易得人心，同时也是你对自己的认可。

真正会说话的人表现为独具慧眼。独具慧眼的赞美者善于发现被赞美者身上别人发现不到的优点。比如，面对一幅油画作品，几乎所有的人都异口同声地叹道："真是太绝了！""我再练十年恐怕也赶不上！"油画家对这样的恭维早就习以为常了。独有一人慢慢地说道："常言说，画如其人。您的画运笔沉稳，是和您刚正不阿的秉性、对人生与社会的深刻思考分不开的。这是您跟一般画家最大的不同点，也是最大的优点。"谈画论人，在行在理，独辟蹊径，巧妙地换了个新角度，令人耳目一新。他的赞美与众不同，技高一筹，非常讨画家喜欢。

小杜是学校里出了名的"歌星"，每次晚会或其他娱乐活动都少不了他的歌声。在一次元旦晚会上，他又成功地演唱了一首歌，表演完后，台下一片喝彩声。回到观众席，大家还在对他的歌声赞不绝口。这时，一个师弟对他说："师兄，你的舞也和你的歌一样棒啊！刚才看你在台上的舞姿，觉得你跳舞肯定也很厉害！"

听惯了别人称赞自己会唱歌的小杜头一回听人如此关注并称赞自己的舞蹈，自然非常开心，不过还是谦虚地说自己不太会跳舞，长项还是唱歌。这时，师弟马上接上他的话："对呀，师兄的歌喉真是没得说！有空教教我吧。"小杜在愉快的心情中欣然应允。

这位师弟没有把小杜被公认的唱歌水平拿来赞美，而是夸他舞也跳得很好，一下子吊起了他的胃口，让他心里十分舒服，很爽快地答应了师弟的要求。

肤浅的赞美让人感到乏味与空洞，受到你赞美的人也丝毫感觉不到荣耀，并可能会因为你的言语产生一种不安与困惑；而独具慧眼的赞美让人觉得你看到了被赞美对象的实质，你确确实实对被赞美者产生了认同感，而被赞美者也会信赖你的一双慧眼，产生与你积极沟通与交流的愿望。

身边的女性需要随时赞美

哪个女孩子不喜欢别人夸自己漂亮？一句夸奖漂亮的话，能把她们感性的一面大大激发出来。这对夸奖她们的人来说自然是有好处的。

以买衣服为例，当一个女同胞在服装店试穿一件衣服，还在那里犹豫着不知道买不买时，营业员发话了："啊，真漂亮！穿起来非常合身，既朴素又大方，简直是为你定做的！"这时，她就会满心喜欢，不再那么犹豫，很可能爽快地买下这件衣服。

有一位女领导，快50岁了，但是保养得不错，看起来比实际年龄要小一些。这天一个下属在跟她聊天的时候说道："我刚见您的时候，感觉您看起来也就30岁左右的样子。我还想着既然当了这么高职位的领导，怎么也得有35岁了吧！"女领导非常高兴，过段时间就给这位下属升了职。

在特定场合，女性都会认为自己打扮得很漂亮。这时夸赞就可以大胆一些，以表达自己的赞赏之情。比如，在舞场上，这就是找到舞伴的重要技巧。

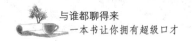

一天，小何去参加舞会没有带舞伴。当他看见旁边坐着一位身穿长裙的女孩时，他决定请她跳舞。他走近这位女孩，夸赞道："小姐，你今晚的一袭长裙配上舞场的灯光，简直给人仙女下凡般的感觉，真是太迷人了！要不是你穿在身上，我真不知道这座城市的某家商场里居然有这样漂亮的长裙在卖！我已经静静地欣赏你好久了，终于忍不住过来邀请你跳一支舞，你不会拒绝一个崇拜者吧！"这位女孩笑了，并答应了小何的要求。

小何在这里就是用夸奖美貌的方式使这位女孩答应和自己跳舞的。

有时，为了避免恭维奉承之嫌，我们也可以借用第三者的口吻夸女性漂亮的地方。例如说："你真是漂亮，难怪××一直说你看上去总是那么年轻！"可想而知，对方必然会认为这不是在奉承她，而只是在承认并转述他人的看法。在一般人的观念中，总认为第三者所说的话是比较公正、实在的。因此，以第三者的口吻来夸奖，更能得到女同胞们的好感和信任。

赞美女性，着重于能力方面

夸赞女孩子漂亮、可爱当然可以获得女孩子的欢心，但现代社会女性的地位大大提高，"女人能顶半边天"，女孩子们也普遍有"我能干"的强烈愿望。如果能找到她们能力上的优点予以称赞，她们会非常高兴。

一次，小蒙去银行取钱，看见人很多，年轻漂亮的女职员忙个不停，因此有点不耐烦，看起来心情也不是很好。小蒙很想跟她交谈，怎么开口呢？

观察了一会儿，小蒙发现了女职员的优点。轮到他填取款单时，他边看她写字边称赞说："你的字写得真漂亮！现在像我们这样的年轻人，能写这么一手好字的人，确实不多了。"

女职员吃惊地抬起头，听到顾客的称赞，她心情好了点，但又不好意思地说："哪里哪里，还差得远呢！"

小蒙认真地说："真的很好，看上去你像练过书法，我说得对吗？"

"是的。"

"我的字写得一塌糊涂，能把你用过的字帖借给我练练字吗？"

女职员爽快地答应了，并约好了下午到办公室来取。一来二往，两人有了感情，并最终结成了良缘。

当然，在夸女孩子有能力的时候，必须是由衷的。有人在夸赞女孩子能力时往往表现得漫不经心，"你的文章写得很好""你的这件事办得不错""你唱的歌很好听"……这种缺乏热诚的空洞的称赞并不能使女孩子感到高兴，有时甚至会由于你的敷衍而引起对方的反感和不满。

真正聪明的人在称赞女孩子能力时，则会尽可能热情、具体些。比如，上述三种情形，他会分别说："这篇文章写得很好，特别是后面的这一问题有新意""这件事情办得不错，让我们学了一招""你的歌唱得不错，不熟悉的人没准还以为你是专业演员"。这种充满了真诚、自然的赞美，无疑会让女孩子愉快地接受。

聪明人也会用赞美来鼓励，以此帮女孩子树立自尊心。有的女孩子因第一次干某种事情，所以干得不好，但不管她有多大的毛

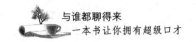

病，都应该说"第一次有这样的成绩很不错了"。对第一次登台、第一次比赛、第一次写文章的人，这种赞扬会让女孩子记一辈子。

因此，在适当的场合，千万不要吝啬你的赞美。

男女需求不同，赞美也不同

人人都渴望被别人赞美，但男人和女人的需要是不同的。

男人要面子好虚荣，多表现在追逐功名、显示能力、展示个性以显潇洒和能人之形象方面，而女人则表现在对容貌、衣着的刻意追求或身边伴个白马王子以示魅力方面；男人要面子好虚荣，他们对此毫不遮掩，有时甚至坦率得令人吃惊，而女子则总是遮遮掩掩、羞羞答答；女性对于面子、虚荣还有几分保留，而男子则是全力以赴去追求面子，好似他的人生目的就是追求面子一般；男人为了面子可以大动干戈，有权力的甚至可以轻则杀一儆百，重则发动战争，女人为了面子则会大喊大叫。男人的面子千万不要去伤害、破坏，否则便万事皆休——友谊中断、恋爱告吹、生意不成、升官无望、职称泡汤。因此，对男人和女人要采取不同的赞美。

作为男人更要会赞美女人，能够做到张口也赞闭口也赞。这样，你才能在女人面前受欢迎，使你魅力无穷。

男人赞美女人是对女人价值的肯定，更是对女人魅力的一种欣赏。在男人眼里，女人身上总有美丽动人之处，或者是皮肤细腻，或者是身材苗条，或者是眉目含情，或者是穿着得体。所以，你一定要善于去发现、去捕捉她的美。许多女人都会对自己的缺憾有所了解，但她们也十分了解自己最动人之处，因此，只要你能独具慧眼，赞美得体，你一定会博得她们的赏识与青睐。

当今时代注重个性，夸赞一个女人有个性已成为一种时尚。固执的性格可当此人有个性来赞；孤傲的性格也可以用有个性来赞；像男人一样不拘小节，有些泼辣的女性也能用有个性来赞。只要是稍稍区别于大众的性格，你用"个性"二字来赞她，无论是哪种女性，她都会觉得你这个人很有品位。

最后，谈一谈女人的能力。现代社会，在各种事业中女人都表现出了她们非凡的能力。她们不仅能把自己分内的事完成得十分得体，还会凭她们敏锐的洞察力去发掘工作中出现的问题，把各部门的事情都安排得十分妥当，甚至表现出大大超越男性的工作能力。而女人在取得很大的成就时，是需要被这个社会肯定的，她们希望这个社会能认同自己，肯定自己的能力，也希望在男人眼中她们不再是处处依附于男人的人，而是能够独当一面，把事情处理得完美无瑕、有能力的人。于是，她们就需要男人的赞美，希望自己所做的，能够得到男人的认同与赏识。如果你是她们的领导、上司，或是同事，你可千万别忽视她们的业绩，常常激励她们、赞美她们，换取她们更大的工作积极性吧！

此外，生活中女人的能力也值得一赞。日常家务，如烧饭做菜、收拾房间、照顾孩子等，这些虽是一些细小的事情，但却能表现出女人的动手能力、审美能力、教育能力。如果你在日常生活中也不忘记赞美一下女性，你定会得到女性的好评。

人们都说女人是用耳朵来生活的，赞美是女人生命中的阳光。然而，男人也一样，他们一样喜欢听到他人对自己的肯定和赞美，因为这会让他们有一种价值感，并由此充满自信。可以说，恰到好处的赞美是打在男人身上的一剂强心剂。

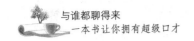
适当地赞美别人的优点和长处

威廉·詹姆斯说过，人性的根源有一种被人肯定、称赞的强烈愿望。这是人和动物的最大不同点。谁不想被身边的人称赞？谁不希望被旁人肯定自己存在的重要性与价值？但是，十分露骨的奉承话，却没人愿意听。因此，发自内心的真诚的赞美语言，最能打动人的心。

霍尔·凯因出身卑微，他的父亲是个铁匠。由于家庭环境清苦，他只读了8年书就辍学找事做。不过，他很喜欢十四行诗和民谣，特别推崇英国诗人罗塞迪的文学作品与艺术修养。有一次，他一时兴起，写了封信给罗塞迪，赞美他在艺术上的贡献。

罗塞迪非常高兴，心想："如此赞美我的人，一定也是很有才华的人。"于是请霍尔·凯因来伦敦当自己的秘书。这是霍尔·凯因一生的转折点。自就任新职后，他就和当时的文学家们往来密切，得到了他们的支持和鼓励，再加上自己不断地努力，不久，其文学名声便远扬各地。

如今，霍尔·凯因在曼岛的私人宅邸，已成为世界各地观光者必参观的名胜之一。据说，他身后留下的财产，远在250万美元以上。如果当初他未曾写信给罗塞迪，说不定就会穷困潦倒地终其一生，不会有此声名和财产。

赞美作为一种交际行为和手段，它的作用在于激励人们不断进步，能对人们的一生产生深刻的影响，能沟通人与人之间的感情。

赞美的威力为什么会那么强大呢？因为，每个人都希望获得别人的赞美，没有人喜欢遭到别人的指责和批评。马克·吐温说："只要一句赞美的话，我可以活上两个月。"要使人们始终处于施展才干的最佳状态，唯一有效的方法，就是表扬和奖励，毕竟，没有什么比受到批评更能扼杀人们的积极性了。

著名的成功大师卡耐基小时候是一个公认的淘气大王。他的母亲很早就去世了。在他9岁的时候，父亲把继母娶进家门。当时他们是居住在弗吉尼亚州乡下的贫苦人家，而继母则来自经济状况较好的家庭。

一进家门，他父亲就向继母介绍卡耐基："希望你注意这个全县最坏的男孩，他可让我头疼死了，说不定在明天早晨以前他就会拿石头扔向你，或者做出别的什么坏事，总之让你防不胜防。"

卡耐基对于父亲这一套已经习以为常了，以前他的确让父亲费了不少脑筋。然而，令卡耐基大惑不解的是，继母微笑着走到他面前，托起他的头看着他，接着又看着丈夫说："你错了，他不是全县最坏的男孩，而是最聪明、但还没有找到表现机会的男孩。"这一句话，令淘气的坏男孩几乎落泪。他心里感到很温暖，自然对这个继母充满了好感。

继母的这一句话，不仅让他和继母开始建立友谊，同时也成为激励他的一种动力，使他日后创造了成功的28项黄金法则，帮助千千万万的普通人走上成功和致富的光明大道。

赞美的力量竟是如此的不可思议。无数事实证明，真诚的赞美，可以使对方心情愉悦，拉近双方的距离，消除隔阂。因此，有人说，每个人都逃不过赞美这种"甜食"的诱惑，赞美之词是

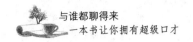

世界上最美丽的语言。适当地赞美别人的优点和长处，是正确处理人与人之间关系的一条重要而实用的法则。

利用赞扬，代替批评

许多年前，一个10岁的男孩在拿坡里的一家工厂做工。但他一心想当一个歌星，不过他的第一位老师却泄了他的气。他说："你不能唱歌，你根本就是五音不全，简直就像风在吹百叶窗一样。"但是他妈妈——一位穷苦的农妇——用手搂着他并称赞他说，她知道他能唱，她认为他有些进步了。于是她节省下每一分钱，好让他去上音乐课。这位母亲的嘉许，改变了这个孩子的一生。他的名字叫恩瑞哥·卡罗索，他后来成了那个时代最伟大的知名的歌剧演唱家之一。

在19世纪的初期，伦敦有位年轻人想当一名作家。不过他好像什么事都不顺利。他几乎有4年的时间没有上学；他的父亲因无法偿还债务，银铛入狱；这位年轻人时常受饥饿之苦。最后，他终于找到一份工作，在一个老鼠横行的货仓里贴鞋油的标签。晚上他在一间阴森静谧的房子里和另外两个男孩一起睡，那两个男孩是从伦敦的贫民窟出来的。因为他对自己的作品毫无信心，所以他趁深夜溜出去，把他的第一篇稿子寄了出去，免得被人看见笑话。一个接一个的故事被退了回来，但最后他终于被人接受了。虽然他一分钱都没拿到，但编辑夸奖了他。有一位编辑承认了他的价值。他的心情太激动了，他因此漫无目的地在街上乱逛，眼泪流满了他的双颊。这改变了他的一生，假如不是这些夸奖，他可能一辈子都在老鼠横行的货仓里做工。你也许听说过这个男孩，他的名字叫查尔斯·狄更斯。

用赞扬来代替批评，是史金纳心理学的基本观点。这位伟大的心理学家用实验来证实，当减少批评而多多鼓励和夸奖时，人所做的好事会增加，而比较不好的事会因受忽视而减少。

洛杉矶的约翰·林杰波夫，就用这种态度对待他的孩子。如同许多家庭一样，从前他与孩子沟通的方式是吼叫，用赞扬代替批评后，他与孩子的关系得到了明显改善。许多家庭的事例也显示，照上述做法做了一段时期之后，孩子与父母的关系变好了。

林杰波夫先生决定用在卡耐基课堂上学的一些方法来解决这个问题。他报告说："我们决定以称赞别人来代替挑剔别人的过失。当我们看到他们做的都是负面的事情时，要找到事情来称赞他们，那么他们以前所做的那些令人不高兴的事，真的就不再发生了。接着，他们的一些别的错误也消失了，他们开始照着我们的赞许去做。居然会出乎常规，他们变得连我们也不敢相信。当然，他们并没有一直持续下去，但总是比以前要好得多了，现在我们不必再像以前那样纠正他们，孩子们做对的事要比做错的事多得多。这些全都是赞美的功劳，即使赞美他们最细微的进步，也比斥责他们的过失要好得多。"

人们都渴望被赏识和认同，而且会不计一切去得到它。

谈到改变人，有一位智者曾说：假如你我愿意以激励一个人的方式来了解他所拥有的内在宝藏，那我们所能做的就不只是改变他，而是彻底地改造他。

夸张吗？听听美国有史以来最有名、最杰出的心理学家之一

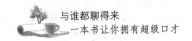
威廉·詹姆斯睿智的话语吧！他说："假如与我们的潜能相比，我们只是半醒状态。我们只利用了我们的肉体和心智能源极小的一部分而已。往大处讲，每一个人离他的极限还远得很。他拥有各种能力，但往往习惯性地未能运用它。"

在这些习惯性地未能运用的能力之中，有一种你肯定没有发挥出来，那就是赞美别人、鼓励别人、激励别人发挥潜能的能力。

借题发挥，赞美不能太突兀

赞美，有时需要在一定的语境里发挥，赞美者要能抓住关键的"题眼"。"题眼"，可以是人，也可以是事。

琳娜在一家企业做公关，自称是一个爱"八卦"的女孩，对明星、星座都特别感兴趣。不过，也正是她这爱"八卦"的性格，让自己在赞美别人时如同清风拂水，不留痕迹。

琳娜的同事小怡的星座是射手座。午休时，同事们聊天，有时谈起射手座的明星，琳娜就顺便恭维她几句——"射手座就是热情似火，你看看小怡就知道，像个小太阳似的，有她在，咱们就能感受到阳光和温暖。"会计小王的星座是天蝎座，看到她穿了漂亮衣服，琳娜说："这衣服正适合你，天蝎座的一大特点就是神秘，你现在就给人这种感觉。"

渐渐地，琳娜发现大家对她的"八卦"分析越来越感兴趣。琳娜想，每个人的心中都有一个花园，渴望着被浇灌、被欣赏，她愿意做这样一个浇灌者和欣赏者，哪怕这种方式有点"八卦"，那又何妨呢？

其实，我们内心都隐藏着被别人了解的热望，而琳娜的行为，正迎合了身边同事的这种热望，看似在谈明星、谈星座，实际上却让周围的人觉得她所谈论的事情与自己紧密相关，琳娜的话恰到好处地与同事的优点挂钩，更让人对她的"八卦"产生好感。同时，大家还会在琳娜那里得到一种被重视感，如此一来，对她产生喜爱之情就是自然而然的事了。

在此提醒想要效仿琳娜的朋友们：借"八卦"表示欣赏的确是个不错的做法，不过，一定不要本末倒置，要清晰地记住，大家真正感兴趣的是对自己的评价与描述，而不是八卦的内容。因此，要想让此招长久有效，还是需要拿出真正发现别人优点的热情和耐心，这样才能让对方感觉到你的诚意。

借题发挥式的赞美有很多种，只要能找到恰当的"契合点"，就一定会让对方乐意接受你的赞美。借题发挥式的赞美主要是含蓄地表达赞美意向，巧妙而不露痕迹地称赞对方，让对方在不知不觉之中受到融洽气氛的感染。

如果要间接地赞美某一个人，可以从他的职业、籍贯、地域、特产、气候特点等方面进行。借题发挥的"题"有很多，只要稍加留心，就能在那个"题"上加进自己的赞美，让对方觉得顺理成章，很自然就会从内心接纳你的赞美。

赞美不能无中生有，不伦不类

如果今天一大早就有人夸你"衣着得体，非常漂亮，有精神"，那么你一天的学习、工作状态一定都很好吧。看来小小的一句赞美话有时能起很大的作用，它可以迅速拉近人与人之间的

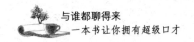

距离，得到别人的喜爱，也可以给他人信心、快乐。

然而，生活中一些人偏偏学不会或不屑恰当地去赞美他人。下级赞美领导，被认为是拍马屁；男士赞美女士，被认为心怀不轨，这些都是原本不必要的思想。谁都想要得到别人的肯定与赞同，为什么不试着去赞美一下别人呢？

要赞美他人，先要选好赞美的话题，不可过分夸张，更不能无中生有。对于青年人，可以赞美他年轻有为、敢于开拓；对于中年人，可以赞美他经验丰富、见多识广，这些都是恰如其分的。但如果赞美中年妇女活泼可爱、单纯善良就会显得不伦不类，弄不好还会招致臭骂。

清朝的中堂大人李鸿章，位高权重。文武百官都想讨他欢心，以便让他提携自己，能升个一官半职，也好光宗耀祖。这一年，中堂大人的夫人要过五十大寿。这自然是个送礼的大好时机，寿辰未到，满朝文武就早已开始行动，生怕自己落在别人后面。

消息传到了合肥知县那里，知县也想送礼，因为李鸿章祖籍是合肥，这可是结攀中堂大人的绝好时机。无奈小小的一个知县囊中羞涩，礼送少了等于没送，送多了又送不起，这下可把知县愁坏了。思来想去拿不定主意，于是请师爷前来商量。

师爷看透了知县的心思，满不在乎地说："这还不好办，交给我了。保准你一两银子也不花，而且送的礼品让李大人刮目相看。"

"是吗？快说送什么礼物？"知县大喜过望，笑成了一朵花。

"一副寿联即可。"

"寿联？这，能行吗？"

师爷看到知县还有疑虑，便安慰他："你尽管放心，此事包在我身上。包你从此飞黄腾达。这寿联由我来写，你亲自送去，请中堂大人过目，不能疏忽。"

知县满口答应。

第二天，知县就带着师爷写好的对联上路了。他昼夜兼程赶到北京，等到祝寿这一日，知县报了姓名来到李鸿章面前，朝下一跪："卑职合肥知县，前来给夫人祝寿！"

李鸿章看都没看他一眼，随口命人给他沏茶看座，因为来他这里的都是朝廷重臣，区区一七品知县，李鸿章哪能看在眼里。

知县连忙取出寿联，双手奉上。

李鸿章顺手接过，打开上联："三月庚辰之前五十大寿。"

李鸿章心想：这叫什么句子？天下谁人不知我夫人是二月的生日，这"三月庚辰之前"岂不是废话。接着，李鸿章又打开了下联："两宫太后以下一品夫人。""两宫"指当时的慈安、慈禧，李鸿章见"两宫"字样，不敢怠慢，连忙跪了下来，命家人摆好香案，将此联挂在《麻姑上寿图》的两边。

李鸿章颇为赏识这副对联，自然对合肥知县另眼相待，称赞有加。而这位知县也因此官运亨通了。

一副对联既抬高了李鸿章夫人的地位，同时又做到了不偏不倚，没有盲目哄抬。

要赞美他人，就要善于体察人心，了解对方的迫切需要。每个人都愿意听好听的，只要你赞美得有分寸，不流于谄媚，不伤人格，定会博人欢心。赞美人的话不能过多，多了对方会不自在，觉得你是虚情假意、逢场作戏，因而不信任你。赞美过多也不利于交谈，在谈话中频频夸对方"好聪明""好有能力"，对方频频表示客气，往往使谈话无法顺利进行。

赞美对方本身不如赞美他的成绩。比如，赞美对方容貌就不

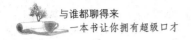

如赞美他的品位与能力。因为容貌是天生的，爹妈给的，无法改变的，而品位与能力是自己后天养成的，表明了自己的价值，是自身的成功。

赞美话要有新意。不要总空洞无物地夸对方"好可爱""好聪明"，应当有自己的看法与见解。夸别人这件衣服好看，就不如夸她上衣与裙子搭配得非常巧妙，非常合适，整体效果好。

陌生人刚见面时，可以先赞美他的名字有新意、有内涵，以此拉近距离，展开下面的对话。这种方法会让人觉得你很友好，很重视他，愿意和他交谈。

留心对方的反应，当对方对你的赞美显得不自在或不耐烦时，就要适可而止了。

第九章　说好批评话，才能让人听进去

批评他人，要对事不对人

评价或批评，只能针对一个人的行为、行动和表现，而不能针对这个人，也就是平常所说的对事不对人。大多数情况下，沟通的目的是为了达到一定的目标，譬如澄清一个误会、陈述一个事实、发布一个指令，等等。

任何人都有获得别人尊重的需要，批评、责怪一个人本身与批评、责怪一个人做出的行为与事件有很大的区别，给人留下的印象也极不同。例如，一个学生解一道化学方面的题目，由于不小心，将分子式写错了，如果老师批评他"你怎么这样笨，这么小的问题也会出错"，被批评者心里肯定极不舒服。但如果老师只针对他写错了分子式这一行为来批评，末了提醒他以后多加小心，被批评者一般会心服口服。联想集团董事长杨元庆就是对事不对人，他批评最多、最狠的人都是公司中进步最快的人。他最生气的是"应该想到而实际上没想到"，痛恨"以工作之便捞取好处"。但假如工作尽心尽力了，仍没有做好，他却会原谅此人。

领导的批评应当针对下属的行为，而不应针对下属本身。对

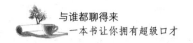
下属进行人身攻击容易产生上下对峙局面，导致下属心理上的敌对，产生副作用。

例如，某位领导在大会上对几个老迟到的人进行批评，可以有两种说法。一种是针对人而言："我们单位有几个人出了名的老迟到，他们脸皮特别厚，组织上已经三令五申开会不能迟到，可他们偏偏迟到，这种人头脑中毫无组织纪律观念，自由散漫，吊儿郎当，他们的行为危害整个集体……"另一种是对事而言："最近开会经常出现迟到现象，虽说人数不多，但迟到往往浪费大家时间，你等我，我等你，大好时光被等掉了。迟到也往往影响会场纪律，影响其他同志情绪，希望同志们能重视这个问题，杜绝迟到现象。"两种批评语相比，显然第二种优于第一种，前者用词尖刻，使当事者难以接受；后者语气比较委婉，既批评了不良现象，又团结了人。

批评要善意，要尊重、理解、信任被批评者，对事不对人，以理服人。对事，也仅仅是对其缺点、错误，而不能抓住一点，不计其余，以致否定一个人的全部工作、全部历史。而且，还要进一步分析其动机与效果，如动机良好，效果不佳，就要先肯定其良好的愿望，再批评不当之处，然后教给正确的方法。切忌在情况尚未调查清楚之前就发脾气、乱指责，更不能挖苦、讽刺、嘲弄，不能揭老底、算总账、搞人身攻击，因为这只会造成或加剧对立情绪，使对方口服心不服，讲形式走过场地来个假检讨，但思想并未触动，事后依然故我。这种批评看起来火药味挺浓，其实际效果则微乎其微。

在批评他人之前，先要明确是就哪件事或事情的哪个方面进行批评，越具体明确越好。抽象笼统，"一竿子打死一船人"，别人就难以弄懂你的意思。

先进行自我批评，使对方容易接受

在批评他人之前，可以先谈一谈自己从前做过的类似错事，一方面可以为对方提供活生生的例证，让他从这例证中认识到犯错的严重后果；另一方面也可以带给对方一定程度的认同感，拉近彼此的心理距离，营造出心胸开阔、坦诚相见的良好批评氛围，从而使对方更容易接受。

有个叫约瑟芬的食品店店员，在一次运货时因马虎而使食品店损失了两箱果酱。为此，领导对他进行了如下一番批评："约瑟芬，你犯了个错。但上帝知道，我犯的许多错误比你还糟。你不可能天生就万事精通，那只有在实际的经验中才能获得。而且，你在这方面比我强多了，我还曾做出那么多愚蠢的事，所以，我不愿批评任何人，但你难道不认为，如果你换一种做法的话，事情会更好一点吗？"约瑟芬愉快地接受了领导的批评，从此做事认真多了。

作为长辈或上级，把自己曾经的过错暴露在晚辈或下属面前，目的不在于自己检讨，而在于以自己的感悟来教育对方。这种借己说人的方法，让我们看到了融自我批评于批评中的魅力与力量。

1964 年，日本轻型电器业界因受经济不景气的影响而动荡不安，于是松下电器企业公司决定召开全国销售会议。

因为会议中反映出企业经营不善的状况，所以空气中充满了火

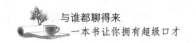

药味。在 170 家公司中，只有 20 多家经营良好，其他约 150 家都出现了极严重的亏损赤字。

"有什么意见都可以说出来。"松下先生一语未了，某销售公司的经理立即冲破水闸般发泄他的不满："今天的赤字到这种地步，主要在于松下电器的指导方针太差，作为公司的负责人，一点都不检讨自己是否有不足之处……"

"我方的指导当然有误，可是再怎么困难也还有 20 多家同仁获利。各位不觉得你们太缺乏独立自主的精神，太依赖他人，才招致今天的后果吗？"松下先生反驳道。

"还谈什么精神，我们今天来的目的不是听你说教，是钱！"也有人这么露骨地反唇相问。

3 天 13 个小时，松下先生就站在台上不断地反驳他们的意见，而他们也立即反击，大骂松下公司。就在会议即将结束，决裂的局面即将出现时，情况发生了转折性的变化。

第三天最后一次会见，松下先生走到台上，"过去两天多时间大家相互指责，该说的都说了，我想没有什么好再说的了。不过，我有些感想，想给大家讲讲。过去的一切，走到今天这个地步，所有责任我们要共同负担。松下电器有错，身为最高负责人的我在此衷心向大家致歉。今后将会精心研究，让大家能稳定经营，同时考虑大家的意见，不断改进。最后，请原谅松下电器的不足之处。"说完，松下先生向大家鞠躬。

突然间，会场出现了不可思议的一幕——整个会场顿时静了下来，每个人都低着头，半数以上的人还拿出手帕擦泪。

"请董事长严加指导。我们缺点太多了，应该反省，也应该多加油去干！"

随着松下先生的低头，人人胸中思潮翻涌，随后又相互勉励，发誓要奋起振作。

由此可见，自我批评要比针锋相对的辩论、指责效果好得多。

否定和批评下级，固然是因为下级有了过失，但与此同时，处于指挥和监督岗位的上级，也有不能推卸的间接责任。周恩来同志说："缺点和错误的改正要从领导做起，首先领导要自我批评，要多负一些责任，问题总是同上面有关系的。"

领导真心承担责任有三个好处：一是做了表率；二是找到了自己的问题；三是便于确定下级的问题。假如领导仿佛没自己事儿一样，只把下级批评一顿，却不肯承担领导责任，好像自己一贯正确，这样至少在他人看来很不谦虚。于是，下级便有自己在领导心目中一无是处的委屈之感，虽表面未必反驳什么，但心中已耿耿于怀，成了上级工作的对立面。因此，在批评下级时，领导最好首先自责，进而再点出下级的错误，使其有领导与他共同承担错误之感，由此产生负疚之情。这样，在以后的交谈中，领导说多说少、说深说浅，不仅下级基本能承受得了，而且融洽了彼此之间的感情，不至于弄得不欢而散。

不同类型的人，不同的批评方式

斥责时使用的语言，必须要先看对方是属于什么类型之后，再下决定。个性较温和的人遭到大声怒吼时，只会一味地退缩和保护自己，无法专心听人说教。而个性刚烈的人，则往往会因对方的斥责而激动，无法忍气吞声，结果，通常会采取强硬的反驳手段，或因而更奋发图强。因此，斥责要谨慎又谨慎，先考虑对方是属于何种类型后，再决定应该采取的方式。

类型主要看个性心理情况。个性、心理，是外延很宽的概念，

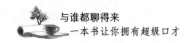

这里主要指下级的气质、性格、对工作的兴趣和自我更正能力。上级批评和否定下级必须首先在心理上占上风，否则是不会很成功的。

1. 个性坦率直爽、性格开朗、心理承受能力强的人

这种人知错就改，喜欢直来直去，不喜欢拐弯抹角。对于这种下属，你明确地指出其缺点和错误所在、性质和危害，他会容易接受。相反，过多地绕圈子，反而会使他纳闷，产生误解，甚至是反感，认为这是你不信任他的表现。

2. 头脑聪明、反应敏捷、接受能力强、自尊心也很强的人

对这种人就采用提醒、暗示、含蓄的语言，将错误和缺点稍稍点破，他们便会顺着上司的思路，找到正确的答案和改正错误的办法。

这种方式有两种表现：一种是面对下属本人，顾此而言他。看似在讨论别人，其实是在说他本人。这种方法的关键是必须找到相似的事物或相似的人，否则相去甚远，难以奏效。另一种是面对众人，漫无所指，点出一些只有当事人才能心领神会的事情，给其以必要的心理压力，让他知道你是碍于情面，才没有公开指责他。这时，他会在内心深处自我警醒、自我矫正的。

3. 自尊心强、脸皮薄、爱面子的人

这种人应采用循序渐进式的批评，其特点是把要批评的问题分成若干层次、若干阶段来解决。通过逐步输出批评信息，有层次地进行批评，使犯错误的下属有一个心理缓冲的余地，有一个认识提高的过程，从而一步步地走向你所期待的正确方向。

大量事实证明，在你批评那些自尊心较强而错误又较多的下属时，采取循序渐进的方法，有利于取得批评的积极效果。相反，如果你一次性把下属众多的缺点一股脑儿地说出来，容易伤害下

属的自尊心，使其产生逆反心理。

4. 性格内向、脾气暴躁、爱钻牛角尖或心情不愉快的人

对这种人最好用参照式批评比较合适。这种方式的特点是：在批评时，不直接涉及下属的要害问题，而是运用对比方式，通过建立参照物，来烘托出批评内容。

你可以通过列举和分析其他人的是非，来烘托出被批评者的错误；可以通过被批评者自身以往的经历，来烘托出他现在的错误；也可以通过列举和分析哪些是错误的，来烘托出被批评者为什么是错误的。

批评要顾及脸面，注意场合

场合是否定和批评下属的重要条件，是领导语言发挥的必要限制。会说话的批评者总是在什么场合说什么话，看什么情况行什么令，灵活机动、随机应变，从而创造出一个否定和批评下属的良好时机。愚蠢的批评者则往往不分场合、不看火候，随便行使权力、大耍威风，结果，使问题反而变得更加复杂和严峻起来。通常的批评宜在小范围里进行，这样能创造亲近融洽的语言环境。实在有必要在公众场合批评时，措辞也要审慎，不宜大兴问罪之师。

事实上，如果领导不给下属留面子，不看场合说话，对其自身也是一种损害。因为在大庭广众之下，你对下属自尊的伤害，别人也是看在眼里的，他们也许不会太在意那个人到底犯了什么错，反而会把注意力都集中在你的不识大体上。

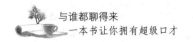

一次商务宴会上，罗伯特遇到了这样的一个场景。

那是一家公司的圣诞晚会，但事实上受到邀请的人都是与公司有生意往来的合作伙伴，所以这个晚会相当于一个非正式的商务宴会。公司的一个高级职员穿了一件不够得体的晚礼服，与罗伯特谈话的公关部经理看到后马上中断了和他的对话，走到那个职员面前。

"你怎么穿这样的衣服来了？"经理的声音不大，但还是有人能听到。

"对不起！之前准备好的衣服不小心刮坏了，所以就……"

"那也不能穿这样的衣服来啊。"经理嫌弃地看着职员身上的衣服，"简直是丢公司的脸。"

面对咄咄逼人的经理，那个职员的脸色越来越难看。

"不要再解释了，马上去给我换一件，要么就离开这里，不要再在这里丢人了。"

被说得无地自容的职员只好狼狈地离开了会场。目睹这一切的罗伯特觉得这个经理做得太过分了，他想这个经理应该不会在现在的位置上待很久了。果然，几个月后，这个经理被公司调到了外地的分公司，理由是无法和下属很好地相处。

批评时要考虑环境是否适合，这不仅是指不要在人多的场合中批评说教，还有其他的一些情况下，也应该多加注意，以免让人产生逆反心理。

比如说，如果有两位下属心存芥蒂、情绪对立，就不能当着这个人的面批评那个人。否则很容易使一方认为你是在支持他，而另一方则认为你是在协助对方压制自己，从而使矛盾更加激烈，情绪更加对立。

批评的目的是让人认识到自己错误的地方，并加以改正，而不是进行负面的痛击。

大量事实说明，恰当地选择批评的场合，对于优化批评的效果是十分重要的。批评的目的和内容都正确，选择的场合不当，也会导致批评起不到效果。

纠正别人的过错时，不翻老账

在对别人进行批评时，翻老账往往会触动别人最敏感的、最不愿意让他人触及的神经，从而使人产生极大的反感。

一名车间工人，因为工作失误，受到一个通报批评的处分。后来，他和一名同事打了一架，于是车间主任找他谈话，对他进行批评，可只进行了几句，就谈崩了。下面是他们的对话。

车间主任："你对同事大打出手，可真够威风的啊。"

工人："我……"

车间主任（打断工人）："你怎么样？上次那个通报你忘了吧？我可是没忘啊。"

工人："那你就给我再来一个通报吧！一个我抱着，两个我背着！"

车间主任："你……"

批评最忌翻陈年老账，将对方过去的问题一股脑儿地抖出来以显示自己的理直气壮。殊不知，连珠炮式的指责只会增强对方的对抗情绪，使所遇到的问题更难解决。

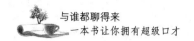
"并不是我喜欢揭人的疮疤，而是他的态度实在太恶劣，一点悔过的意思都没有。我这才忍不住翻起旧账来的。"车间主任事后为自己辩解说。

这个车间主任没意识到，批评应针对当前发生的问题，帮助下属提高认识，改正错误。翻老账只会使下属产生逆反心理，直觉告诉他领导一直在做收集他全部缺点的工作，这一次是在和他算总账，因而会产生对立情绪，不会做出任何的配合。

驾驶员因违反交通规则受罚时，有的会乖乖顺从，有的却想尽办法推脱。为什么会产生这种差别？这当然和警察对驾驶员的态度有密切关系。特别是当警察看到驾照违例记载栏时的反应，会直接影响其对驾驶员的态度。

驾照中有违例记载的驾驶员，都不希望别人看到。而警察因为要执行勤务，有责任查看。但看过违例内容后，应避免再追问，只处理当天的案件即可。这样的话，驾驶员大都会听从处理。如果警察表现出不屑的样子，并盘问不休，驾驶员自然会很反感。

批评人时必须认清这种心理，就算不得不提及以往的错误，也要有意避开。

假如领导发现了连下属也没察觉的错误，除非过去犯错累累，不然应避免重提。在犯错的员工自己知错，而且也接受了处理的情况下，领导更不可以翻旧账，否则只会增加员工的反感，绝不可能收到批评的效果。

如果下属常犯同样的错误，最好是仔细研究过去的批评或惩罚，看下属反省到了什么程度，又改进了多少。对下属的改进应给予肯定，且不要重复同样的批评。

心怀同情地批评规劝他人

与人共事，不可能一帆风顺，总会有别人出错需要你提出批评指示的时候。这时，你如果只是一味地严厉批评而不顾他人的感受，不仅达不到目的，弄不好还会产生副作用。

有一个爱好摄影的人，拿了一叠自己的摄影作品去拜访一位摄影家，请对方批评指正。摄影家把他的作品看了一遍，很热心地告诉他哪一张曝光时间长了一些，哪一张光圈小了一些，哪一张取景需要变换角度……当这位摄影家指正的时候，来请教的人总是找一番理由来为自己辩护，不是说当时天气不佳，就是说取景时找不到合适的立足之地等，如此，啰唆了半天。

当那个摄影爱好者走了以后，摄影家觉得又好气又好笑。他说："我真傻，何必说那么多的话呢！"

人们做错了事，或做了件吃亏的事，除非他自己主动告诉你时，才会坦白地承认错误。否则，你若丝毫没有同情犯错者的感情而指出他的错误，他一定会找出种种理由加以辩解。你可以在周围的朋友或家人中试试看，无论是小疏忽还是大错误，没有几个人能在别人指出后立即坦率地、不为自己解释地承认错误。因为知道自己闯了祸，心里必然是不安与难受的。所以，批评他人时，一定要讲究方法，揣着同情心去批评。

揣着同情心去批评别人，你不但不会犯吹毛求疵的毛病，而且对别人犯错误的原因也会加以分析、给予谅解。你要时时想着自己和他是站在一起的，而不是和他对立的，说话时先要对别人所犯错误表示理解和同情，使对方减少不安，然后再用温和的态度指出他的错误。说话要委婉和蔼，不要用过分刺激的或使人听了不舒服的字眼。"你真糊涂，这件事完全搞错了！"这种语气的说话是没人可以忍受的。无论是父亲对儿子，还是主管对下属，后者或许慑于前者的威势不敢吭声，但心里肯定是不服气的。

指正的话越少越好，一两句使对方明白就行，然后把话题转到其他方面。不要唠叨不休，使对方陷于窘境，产生反感。对方做一件事情，其中有错误的地方应该指出，做得正确的地方应该加以赞扬，这样对方就会因为你赏罚分明而心悦诚服。改变对方的观点时，最好设法将自己的观点在暗中移植给他，使他觉得是自己改变的，而不是因为你的指正。

对于那些无法挽回的错误，你应当站在对方的立场上，给予恳切的指正，而不要严厉地责问。纠正对方的做法时，最好用请教式的口吻，不要用命令的语气，比如说"你不应该用红笔写"，就不如说"你觉得是否用蓝笔写更好一些呢"。

第十章　说好幽默话，妙语动人聚人气

合理使用幽默语言

　　一个人若想在社交场上妙语连珠、风度翩翩、引人注目，幽默能助你一臂之力。幽默可以带给人们欢悦，让自己摆脱尴尬，化险为夷。幽默，实际上可以压倒别人，显示你的聪明之处，同时也能引起他人的兴趣，缓和紧张的气氛，使大家相处得快乐、融洽。

　　幽默是以机智为基础的，但又不和机智完全相同。两者有不同之处，机智可以把似乎风马牛不相及的事物巧妙地融为一体，在文句上搬弄花样，给人机智聪慧的感觉。而幽默则是得体的自我玩笑。譬如，漫画的幽默：一个人头上戴着呢帽，鼻梁上架着眼镜，走起路来神气活现。不料，正在自鸣得意时，他的脚底下踏到一块香蕉皮。刚才的威风和跌了一跤后的狼狈样，形成了鲜明的对比，给人一种幽默感。

　　幽默有时是文雅的，有时是含有暗示用意的，有时是高级的，有时是低级的。我们在交际中应切忌以低级趣味的玩笑为幽默，有时一句普通的玩笑话会使人当场丢脸、反目成仇，所以在社交场合中，幽默应该显示人的高尚、斯文。

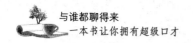
谈笑应恰如其分，因地因时适宜。如果大家正在聚精会神地讨论一个具体问题，你突然在这里插进了一句毫无关系的笑话，不但不令人发笑，反而使人觉得无趣。

在社交场合中，如果一味地说俏皮话，无限制地幽默，其结果也会适其反。譬如，你把一个笑话反复讲了三遍，起初人家还以为你很风趣，到后来听厌了，就会感到呆板、恶心。

如果你的幽默带着恶意的攻击，以挖苦别人为目的，还是不说为妙。再好的糖衣，如果里面包的是毒药，也会置人于死地。

口语表达应当具有幽默风趣的特征。说起话来挥洒自如、谈笑风生，在任何情况下都能应对自如、出口成"趣"。所以，训练口才不能不练"趣说"。幽默风趣是人际关系的"润滑剂""安全阀"，而风趣的谈吐会使我们生活得轻松。

幽默风趣并不是油滑，不是浅薄地耍贫嘴、打哈哈，它应当是智慧和灵感的闪光，含而不露地引发联想，出神入化地推动人们领悟一种观点、一种哲理，它有情的酿造、有理的启迪，传达着丰富的信息。同时，幽默风趣也是一种绝妙的应变技巧，它常常能帮助我们在瞬息之间摆脱令人尴尬的窘境。但是，幽默风趣又不仅仅是一种技巧，它是一种品格、一种素质、一种特性、一种情怀的有意无意地流露。

那么，如何使自己具有幽默感呢？

1. 要在瞬息构思上下功夫，掌握必要的技巧

幽默风趣是一种"快语艺术"，它突破惯性思维，遵循反常原则，想得快、说得快、触景即发、涉事成趣，出人意料，又在情理之中。

比如，有位将军问一位战士："马克思是哪国人？"战士想了一会儿说："法国人。"将军一愣，随即便说："哦，马克思

搬家了。"对于这种战士连常识性问题都答不出，将军当然不快，但这一"岔"，构成了幽默，其实也包含了对战士的批评教育。

2. 要注意灵活运用修辞手法

极度的夸张、反常的妙喻、顺拈的借代、含蓄的反语，以及对比、拟人、移就、拈连、对偶……都能构成幽默。另外，选词的俏皮、句式的奇特也能构成幽默。表达时，特殊的语气、语调、语速以及半遮半掩、浓淡相宜或者委婉圆巧、引而不发，甚至一个姿势、一个心照不宣的微笑，都能表达意味深长的幽默和风趣。

3. 注意搜集俯拾皆是的素材

丰富多彩的生活提供了许多有趣的素材，我们如果做个"有心人"，就会使自己的语言材料丰富起来。例如，谚语、格言、趣闻、笑话等，我们可以提取、改装并加工利用，这样我们的语言就会增加许多趣味性的"调料"了。

比如，有位女教师上了一节公开课，受到了很高的评价，但她却说："麻雀哪里能飞得过大雁啊！"这句话包含对自己表现不够的自知之明，也是风趣、得体的自谦，而这句话之所以很风趣，正是因为在她丰富的语言储备里顺便拈了句民谚俗语在里面。

4. 用"趣味思维方式"捕捉生活中的喜剧因素

"趣味思维"是一种反常的"错位思维"，不按照普通人的思路想，而是"岔"到有趣的一面去。

演说家罗伯特是个光头，有人揶揄他总是出门忘了戴上帽子，他说："你们不知道光头的好处，我可是天下第一个知道下雨的人。"罗伯特并不为自己的"秃顶"苦恼，反而"美化"光头，他这是用"趣味思维方式"捕捉自己身上的"喜剧因素"。他的思维"错位"，使他想到的同别人就是不一样。

幽默风趣较多运用于应变语境。在口才训练中，幽默风趣的

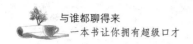
表达是应该达到的较高境界。通过"趣说训练"，在进一步提高心理素质的同时，习惯于"趣味思维方式"，习惯于用"错位"语言艺术，使表达更风趣、诙谐，更有吸引力。

美国黑人律师约翰·罗克勤于1862年发表反奴隶制演说，一登台这样说："女士们、先生们——我到这里来，与其说发表讲话，还不如说是给这一场合增添一点点颜色……"（笑声）显然，黑人面对白人群众是"添"了点颜色，但除此还有言外之意，这里用的是双关引趣手法。

在我们日常生活中，只要不满足于"惯性表达"，善于在说话前先在脑子里打个"弯"，这时说出来的话也许就俏皮得多。

幽默作为一种"错位"语言艺术，常常运用意外的甚至驴唇不对马嘴的移植或组合，构成令人捧腹的幽默，因此要突破常规思维。平时要多留意以"错位"为特征的幽默言语，但要注意，幽默的俏皮话并非格调低下的哗众取宠，表达时要恰到好处，多用则令人生厌，近于油滑。因为幽默风趣的目的是"激活"信息输出机制，调剂人际关系，绝不是不顾场合的挖苦和嘲弄。高明的风趣和幽默是以不损害别人为前提的。

趣说自己，是把自己看作是幽默对象，风趣地介绍自己的缺点、优点、特有的经历和思想感情等。说自己的缺点是一种自嘲，但这不是自轻自贱，而是一种豁达开朗和返璞归真的人性美的体现。有时趣说自己也是一种高妙的应变技巧。

1860年，美国大富翁道格拉斯作为民主党总统候选人，公开羞辱共和党总统候选人林肯，他说："我要让林肯这个乡下佬闻闻我们贵族的气味！"后来，林肯这个没有专车、乘车自己打票或乘朋友提供的耕田用的马拉车的总统候选人，在发表竞选演说时这样介绍自己："有人写信，问我有多少财产。我有一个妻子和三个儿子，都是无价之宝。此外，还租有一个办公室，室内有办公桌一张、椅子三把，墙角还有一个大书架，架上的书值得每个人一读。我本人，既穷又瘦，脸蛋很长，不会发福。我实在没有什么可依靠的，唯一可依靠的就是你们。"

趣说自己，可以说自己成长过程中的趣事，也可以用谐趣的方式介绍自己的性格、脾气、爱好，说说自己的缺点，说说这些给自己带来的好处或值得汲取的经历。

让幽默为你的魅力增光添彩

所有的人都会年华逝去，红颜不再。但岁月只能风干肌肤，而不会使睿智和幽默的魅力减去分毫。

乔羽不但歌词写得好，而且话也说得妙。由于他幽默诙谐、能"侃"会说，在京城文艺圈内久负盛名。

据报载，某年6月中旬，中国民族声乐比赛初评在武汉举行，乔羽是评委之一。在炎热的武汉一天三班地连续听录音，对65岁的乔羽来说可不轻松。为了解闷，乔羽不断地抽烟，一边抽还一边念念有词："革命小烟天天抽。"也是评委的歌唱家邓玉华为乔羽补充了三句，成了一首打油诗："革命小烟天天抽，遇到困难不犯愁；袅袅青烟佛祖嗅，体魄康健心长愁。"乔羽听罢，微微一笑，他联想到邓玉华每餐节食的情景，也回敬了一首："革命小姐天天愁，腹围过了三尺九；干脆天天吃肥肉，明天又到四尺九。"

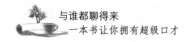
众人听后都捧腹大笑，连日来的劳累烟消云散。

乔羽不是美男子，由于头发稀少，不熟悉他的人，往往容易将 65 岁的他判断为 70 多岁的老人。但乔羽从未感到自己老了，他说："我从 18 岁就开始脱发了，看来是不会再长了，索性毛全掉光，成了老猴子，倒用不着理发了。我心里从没有感到老。年龄是你的一种心理上的感受，你觉得自己老了，即使年轻也就真的老了；你觉得自己还年轻，即使老了你也还年轻。"这段话充分展示了乔羽乐观向上的精神面貌，他非常幽默，用自嘲的手法跟自己开起了玩笑，不言头发而称"毛"；并自喻"老猴子"，让人闻之不禁莞尔，而"倒用不着理发了"一句则在幽默之中透露出了乔羽的豁达心境。

幽默的魅力，如空谷幽兰，你看不到它盛开的样子，却能闻到它清新淡雅的香味；幽默的魅力，又如美人垂帘，不能目睹美人的芳华，却能听到美人的声音，间或环佩叮咚，引人无限遐思。

启功先生的前半生可以说是充满了坎坷和艰辛，1 岁丧父，母子二人便由祖父供养。10 岁祖父过世，家道中落，一贫如洗，再无钱读书。由于得到祖父门生极力相助，才勉强读到中学，但尚未毕业时，由于他个性坚强，不愿再拖累别人，便决心自谋生路。经祖父的门生傅增湘先生介绍，他认识了时任辅仁大学校长的陈垣。经陈垣介绍他得到了两次工作，两次工作皆因没有文凭而被炒。但他没有绝望，一边靠卖字画为生，一边自学，最后终于在辅仁大学谋到一个教职。此后，在陈垣校长的耳提面命之下，取得长足进步。然而，命途多舛，1957 年，他又被错划为右派分子，直到 1979 年才得以平反……

经过无数人生历练的启功先生，不但在艺术上取得了非凡的成就，而且心灵也步入了大彻大悟之境，生命中充满了一种"身心无挂碍，随处任方圆"的大气和洒脱。

启功先生成名之后，便经常有人模仿他的笔墨在市面上出售。有一次他和几个朋友走在大街上，路过一个专营名人字画的铺子，有人对启功说："不妨到里面看看有没有你的作品。"启功好奇，便和大家一起走进了铺子，果然发现好几幅"启功"的字，字模仿得也真够到家，连他的朋友都难以辨认。他的朋友就问道："启老，这是你写的吗？"启功微微一笑赞道："比我写得好，比我写得好！"众人一听，全都大笑起来。谁知说话之间，又有一人来铺里问："我有启功的真迹，有要的吗？"启功说："拿来我看看。"那人把字幅递给他。这时，随启功一起来的人问卖字幅的人："你认识启功吗？"那人很自信地说："认识，是我的老师。"问者转问启功："启老，你有这个学生吗？"作伪者一听，知道撞到枪口上了，刹那间陷于尴尬、恐慌、无地自容之境，哀求道："实在是因为生活困难才出此下策，还望老先生高抬贵手。"启功宽厚地笑道："既然是为生计所害，仿就仿吧，可不能模仿我的笔迹写反动标语啊！"那人低着头说："不敢！不敢！"说罢，一溜烟地跑走了。同来的人说："启老，你怎么让他走了？"启功幽默地说："不让他走，还准备送人家上公安局啊？人家用我的名字，是看得起我，再者，他一定是生活困难缺钱，他要是找我借，我不是也得借给他吗？当年的文徵明、唐寅等人，听说有人仿造他们的书画，不但不加辨驳，甚至还在赝品上题字，使穷朋友多卖几个钱。人家古人都那么大度，我何必那么小家子气呢？"启功的襟怀比之古人，可以说是有过之而无不及。

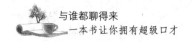
幽默是一种心境、一种状态、一种与万物和谐的"道"。

幽默的语言来自纯洁、真诚和宽容海涵般的心灵，是生命之中的波光艳影，是人生智慧之源上绽放的最美丽的花朵，是人们能够从你那里享受到的心灵阳光。幽默之魅力，如英国谚语所云："送人玫瑰之手，历久犹有余香。"

生活不妨多点"调节剂"

为了应付人生大大小小的挑战，你需要力量——不论你是为人父母或是为人子女，是教师或是学生，是售货员或是消费者，是领导或是职员，是上司或是下属，幽默都能赋予你战胜困难的力量。

幽默的力量体现在沟通上，就像我们打开电灯开关，电力便沿着电线输送到机器上一样，只要按下幽默的按钮，就能促使一股特别的力量源源而来。我们可以把这股幽默的力量导向他人，并与他人直接沟通。

有了幽默，我们可以学会以笑来代替苦恼；借着幽默的力量，我们能使自己和他人超越痛苦。

真正的幽默力量是从内心涌出，更甚于从头脑涌出。

幽默的力量体现在它可以润滑人际关系，消除紧张，解除人生压力，提高生活的品质。它可以化解冰霜，使我们获得益友；它还可以使我们精神振奋、信心陡增，使我们摆脱许多不愉快的事情。

有一位年逾80的老先生在接受身体检查时说："医生，你可记得上回你说我有一大堆毛病，说我得学会和这些毛病生活在一起？包括我的关节炎、视力减退、重听、高血压。"

医生回答说："信任我吧，你很快就能学会和这些毛病生活在一起的。"

"我知道。"老人也同意，"现在，我在想，您是不是可以再加一项，加上一个20岁的妻子！"

把"因幽默的力量而享受趣味"加在你的日程表上，学会去生活得更快乐，以轻松的心情面对自己，而以严肃的态度面对人生，掌握你自己的幽默力量。

幽默是烦恼生活的开心剂。生活绝非全是幸福，还有与幸福相对的烦恼，这是一对孪生的兄弟，谁也离不开谁。一般的家庭，遇上烦恼的事情，往往是一方发火，甚至双方发火，最后发展到大吵一场，从而带来更大的烦恼和不快。幸福的家庭同样也有烦恼，只不过解决的方法不同，他们在理性解决烦恼的同时，往往还运用幽默的手段，化烦恼为欢笑。

幽默也是趣味生活的添加剂。生活需要趣味，而且是各种各样的趣味，于是世界便有了层出不穷的志趣、理趣、情趣、谐趣、童趣、野趣、真趣、闲趣、文人雅士之趣、市井小民之趣、渔夫樵子之趣、灯红酒绿之趣、田园牧歌之趣，还有猫之趣、狗之趣、花鸟鱼虫之趣……如果再加上幽默，我们不妨称它为"幽默趣"。

幽默是趣味生活的添加剂。生活中处处都存在着幽默，如果你能发现它，并且用幽默的语言来解释它，那么你的生活就会充满乐趣。

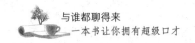

幽默是艰苦生活的调味剂。生活有时是相当艰苦的，而有幽默感的人善于苦中作乐，用幽默作为艰苦生活的调味剂，鼓励自己克服困难，渡过难关。

法国前总统德斯坦从小很顽皮，经常问一些使他父亲难以回答的问题。一次，他考试成绩不佳，得了个倒数第 10 名，父亲很不满意。德斯坦问父亲道："1 和 20，哪一个数值大？

"自然是 20 的数值大。"爸爸不假思索地回答。

德斯坦接着问道："那么我考试列第 20 名，不是比第 1 名好吗？你为什么不满意？"

德斯坦的幽默告诉我们这样一个道理：不要强求子女的成绩，因为不可能所有的学生成绩都是 100 分，有时要"顺其自然"，这样才有"乐"可言，不然，就要徒增烦恼了。

生活有时会像一个喜剧小品，充满了幽默感；聊天，有时也会像一段相声，使人觉得妙趣横生……处在那样一种心境中，你会感到：生活，是多么美好！

借助幽默的力量获得成功

各种业界，莫不对幽默力量给予很高的评价。实际上，幽默称得上是一个具有亲和力的"形象大使"。因为，很多工商业界高阶层的负责人，都运用幽默力量来改变他们的形象，甚至改善大家对整个公司的看法。每一阶层的领导人和经理人在人事的甄选与训练上，也转而向幽默力量来求助。

在美以美教会的一次聚会上，洛伊德·乔治曾做了一次演讲，要求教徒们为著名传教士、美以美教会的创始人卫斯理的墓地维护提供帮助。尽管这个题目极为严肃，大家都想不出它有什么好笑的，但洛伊德·乔治还是做到了这一点，而且十分成功。请注意，他的演讲结束得多么完美而漂亮。

"我很高兴各位已经开始修整他的墓地。这个墓地应该受到尊重。他对任何不整洁和不干净的东西极其讨厌。他曾说过：'不可让人看到一名衣衫褴褛的美以美教徒。'所以，你们永远不会看到这样的美以美教徒？（笑声）如果任由他的墓地一片脏乱，那就是大不敬。各位应该都记得，有一次他经过德比夏郡时，有一位女孩跑到门口对他说：'上帝祝福你，卫斯理先生。'但是，他回答说：'小姐，如果你的脸和围裙能够更干净一点的话，你的祝福将更有意义。'（笑声）这就是他对不洁净的感觉。因此，请不要弄脏他的墓地。万一他偶尔经过此地，这将比任何事情都更令他伤心。你们一定要好好照顾这块墓地，这是一个神圣的墓地。它是你们的信仰和情感得以寄托的地方。（欢呼声）"

让我们提出一些统计资料和实例，来重申上述的观点。此外，为了便于讨论，我们在提到"幽默"或"幽默感"时，就包含有"幽默力量"的含义。

有一次，美国329家大公司的行政主管，参加一项幽默意见调查。一家业务咨询公司的总裁霍奇先生主持此项调查时发现：

97％的主管人员相信：幽默在商业界具有不可估量的价值。

60％的人相信，幽默感能决定一个人事业成功的程度。

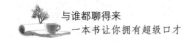
《芝加哥论坛报》工商专栏的作家那葛伯，访问了参与调查的几位主管人员，而后整理出几位高级经理人员的意见：

克雷夫特公司总裁毕尔斯认为，幽默感对于主管人员十分重要。"它是表示一个主管具有活泼、弹性的心态的重要指标。"毕尔斯说，"这样的人通常不会把自己看得太严重，而且比较能做出好的决策。"

还有一家公司的总裁，从创造和谐快乐的同事关系的观点来看幽默感，"这是一个基本原则，"他说，"就是你若能做些自己引以为乐的事情，那么你会是一个较好的老板，或较好的下属。"

幽默在工商业界的运用有逐渐增长的趋势。幽默家欧尔本创办了幽默服务，发现近十年来光顾的客户有很大的转变。以前，幽默服务的对象以娱乐界、政治界、教育界等为主，现在工商业界有愈来愈多的人倾向于选择幽默服务。

至于对一个受雇于人的职员，幽默对他潜能的发挥有什么实效呢？我们不妨来看看赫斯特先生的意见。

赫斯特先生在佛罗里达一家经营数家餐厅的大公司里担任高级主管的工作。他将幽默列为职员必备的条件之一。他说，尤其是居于"最前线"接待客人的职员，幽默对其更是特别重要。他建议在人事的甄选和面谈时，要"选那些能自我解嘲的人"。

此外，他还问每一位应征者这样一个问题："你曾经发生过什么有趣的事？"如果应征者想不起什么有趣的事，他建议他们说个幽默的小故事，也会有帮助。

愈来愈多高阶层的管理者，希望他们在同事和大家眼中的形象更人性化一些。这些领导人鼓舞我们和他们一同笑。

和别人一同笑，会增加我们自己的亲和力。如果我们不抓住这些机会的话，我们就失败了。一个演说家站在讲台上，如果只知道笑是一剂良方，但是自己却打不开瓶盖来服用，那就是个失败者。

和别人一同笑，能树立你自己的良好形象，然后，你就能适当表达自己的观点，并且获得成功。

如果我们以尖刻的批评去对待一位工作处理得不好的同事，就会造成失败的局面。那位同事会失去他的自信心，而我们会失去他的信任，得不到成功的合作。但若是"以对方为中心"去了解他人，却会打开沟通的途径。

借幽默的力量来成功！以建议的方式来代替批评，面对工作上的问题，和你的同事一起笑吧！这样你和你的同事就都赢了。更有甚者，你的同事会因此觉得能自由自在地与你--同笑。

幽默的话，轻松平息他人怒气

幽默的语言往往给人以诙谐的情趣，使人在笑意中有所领悟。幽默是缓解紧张、祛除畏惧、平息愤怒最好的方法。

一个可怜的、严肃的省议员觉得受到了别人的侮辱，他怒气冲天，迫不及待地想报复，但一时又找不到什么方法，结果，他的行为举止就像一个小学生一样幼稚：小学生往往会去找老师告状，要求老师去惩罚他的敌人，这个议员则是去主席那里申诉。

这个议员找的是麻省省议会的主席柯立芝。这个议员所受的委

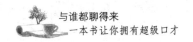

屈使他相信柯立芝一定会替他当场主持公道的，不过，柯立芝却以一种非常幽默的方式把这件事解决了。

纠纷是这样引起的。当另一个议员在做一个很漫长的演讲时，这个议员觉得对方占用的时间太长，就走到对方跟前低声说："先生，你能不能快点……"话未说完，那个正在演讲的议员便回过头来，用严厉的口气低声呵斥他道："你最好出去。"然后仍旧继续演讲。

于是，这个受了委屈的议员走到柯立芝面前说："柯立芝先生，你听见某某刚刚对我说的话了吗？"

"听见了，"柯立芝不动声色地答着，"但是，我已经看过了有关的法律条文，你不必出去。"

这种回答实在是太聪明了。柯立芝把那位议员的愤怒当成了玩笑，他没有让自己卷入这种儿童式争吵的旋涡中去，就是因为他能看出这种无聊争吵的幽默之处。

机智的人不仅善于以局外人的身份化解他人的争吵，而且更善于打破在与人交往时因发生矛盾而出现的僵局。

有一天，在拥挤喧闹的百货大楼里，一位女士愤怒地对售货员说："幸好我没有打算在你们这儿找'礼貌'，在这儿根本找不到！"

售货员沉默了一会儿说："你可不可以让我看看你的样品？"

那位女士愣了一下，笑了。售货员的幽默打破了他们之间的尴尬局面。

人们为了解决求学、工作、住房、购物等方面的问题，往往都要与人交涉。学会在交往中适时地表现幽默，成功的概率一定会大大增加。

在把事情弄得很紧张、很严重的时候，如果能从这种白热化的僵局中看出其中所包含的幽默成分，便可以巧妙地避免麻烦和纠纷。如果柯立芝或是那位售货员对于争吵采取一种较真的态度，那对于大家又有什么好处呢？无非是更加激化双方的矛盾罢了。而采取一种幽默的态度，柯立芝便缓解了那种伤感情的纠纷，那位售货员也巧妙地批评了那位女士的无礼，从而制止了进一步的争论。

用诙谐的话语加深感情

不论单身的朋友还是热恋中的男女，都应重视幽默在恋爱中的作用。

硕士美女李芊要结婚了，一向交友广阔的她，在身边众多男子中选择了王旭作为交换婚戒的对象。得知这个消息后，她的几个死党大感诧异，因为王旭既不是特别帅，也不是很有钱的男人。

为什么是他？

李芊的嘴角向上扬起："简单，因为他最能让我笑！"

原来如此！王旭是以幽默感赢得了美人芳心，笑出婚姻，的确精彩。

那些在女人面前很"吃得开"的男人，不管长相如何，都有一套逗人发笑的本领。只要一与这种人接近，就可以立即感受到一股快乐的气息，使人喜欢与他们为友。一个整天板着面孔、不苟言笑的"老古板"，是绝对不会受到女孩子们欢迎的。不少情

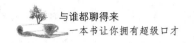
感心理学研究者认为，男人由于平时比女人话少，所以，男人的语言的分量就更被女人所注意。不少男人正是利用幽默的手段来填补自己语言的匮乏，所以，他们的魅力便永驻于人们对他们幽默的回味之中。

家庭之中，夫妻争吵是一种普遍现象，不论是伟人还是普通人莫不如此，怨怒之中如果即兴来一两句幽默，往往会使形势变好。人们常说"夫妻没有隔夜的仇"，更多的时候都是这种豁达的幽默消除了隔阂。

男女朝夕相处，天天锅碗瓢盆，始终举案齐眉、相敬如宾反而是一种不正常的现象，有人戏称之为"冷暴力"。小吵小闹有时反会拉近夫妻间的距离，同时也能使内心的不满得以宣泄，如果再佐之以幽默、机智的调侃，无疑会使夫妻双方得到一次心灵的净化，保证家庭生活的正常运行。请看下面这几对夫妻的幽默故事。

驾车外出途中，一对夫妻吵了一架，谁都不愿意先开口说话。最后丈夫指着远处农庄中的一头驴说："你和它有亲属关系吗？"妻子答道："是的，夫妻关系。"

妻子："每次我唱歌的时候，你为什么总要到阳台上去？"
丈夫："我是想让大家都知道，不是我在打你。"

新婚之夜，新郎问道："亲爱的，告诉我，在我之前，你有几个男朋友？"沉默。"生气了？"新郎想，过了片刻又问，"你还在生气？""没有，我还在数呢！"

结婚多年，丈夫却时时需要提醒才能记起某些特殊的日子。在结婚35周年纪念日早上，坐在桌前吃早餐的妻子暗示："亲爱的，你意识到我们每天坐的这两把椅子已经用了35年了吗？"丈夫放下报纸盯着妻子说："哦，你想换一把椅子吗？"

亨利妻子临睡前絮絮叨叨的谈话令他十分不快。一天夜里，妻子又絮叨了一阵后，吻了亨利一下，说："家里的窗门都关上了吗？"亨利回答："亲爱的，除了你的话匣子，该关的都关了。"

以上五则故事中的夫妻幽默均恰到好处地表达了自己怨而不怒的情绪。有丈夫对妻子缺点的抗议，也有妻子对丈夫多疑的抗议，但其幽默的答辩均不至于使对方恼羞成怒，妻子用夫妻关系回敬丈夫也是一头驴，用数不完的情人来指责新郎的无端猜忌，丈夫用巧言指责妻子的絮叨，这些幽默的话语听上去自然天成，又诙谐动听。这些矛盾同样有可能发生在我们每一个家庭之中，有时却往往因为两三句出言不逊的气话而使矛盾激化。

许多夫妻都有过类似的经历，无谓的争吵随时都会发生，一旦发生又会因愤怒很快失去理智，直至闹得不可开交，甚至拳脚相加。在公共场合彬彬有礼的谦谦男子或女士，在家人面前也会为一些小事而大动肝火，有时即使是恩爱夫妻也不可避免，双方似乎都失去了理智，哪壶不开偏提哪壶，专揭对方的痛处、短处解气，唇枪舌剑，互不相让；及至冷静下来，才发觉争吵的内容原是那样愚蠢、无聊。殊不知忍一时风平浪静，退一步海阔天空，多用幽默少动气不是一样也可占尽心理上的优势吗？一家之主的男人应该以幽默博大的胸怀包容妻子的一切不满，这是上帝在亚当夏娃时代便定下的规矩。

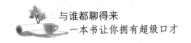

总的来说，在两个人的世界里，幽默可以发挥令人意想不到的效果，它可以增进恋人之间的感情，调节气氛，制造亲切感，还可以消除疲劳和紧张感，使两个人都能够轻松、快乐地面对生活。

巧用幽默化干戈为玉帛

幽默不仅能够活跃谈话的气氛，如果运用得好，还能化干戈为玉帛。就拿谈判来说，一般人都会认为，谈判是很庄重与严肃的。其实谈判中运用幽默技巧，可以缓和紧张形势，营造友好和谐的气氛，缩短双方的心理距离，钝化对立感。因此，幽默能使你在谈判中左右逢源，常常在"山重水复疑无路"时变得"柳暗花明又一村"。因为，谈判时具有幽默心理能使你情绪良好、充满自信，思路清晰、判断准确。

谈判中要使自己进退自如，没有幽默力量的帮助很难达到预期的效果。

1959 年，美国副总统尼克松访问苏联。在此之前，美国国会通过了一项关于被奴役国家的决议。赫鲁晓夫在与尼克松的会谈中激烈地抨击了这个决议，并且怒容满面地嚷道："这项决议很臭，臭得像马刚拉的屎，没什么东西比这玩意儿更臭了！"作为国家元首，在这样的场合说这样的话有失体面。

尼克松曾认真地看过关于赫鲁晓夫的背景材料，得知他年轻时曾当过猪倌，于是盯着赫鲁晓夫，说："恐怕主席说错了。还有一样东西比马屎更臭，那就是猪粪。"

　　谈判桌上，赫鲁晓夫无所顾忌，出言不逊，好在尼克松幽默诙谐，暗藏机锋。否则，两人都大吵大嚷，那谈判就成了市井中的吵架、撒野了。

　　适度的幽默能够建立良好的气氛，让大家精神放松，进一步密切双边关系。这样就可以营造一种友好、轻松、诚挚、认真的合作氛围，对谈判双方来说，都是具有实质性意义的。

　　1943 年，英国首相丘吉尔与法国总统戴高乐由于对叙利亚问题的态度产生了分歧，两人心存芥蒂。直接原因是戴高乐宣布逮捕布瓦松总督，而此人正是丘吉尔颇为看重的，要解决这一件令双方都颇为棘手的事，只有依靠卓有成效的会晤了。

　　丘吉尔的法语讲得不是很好，但是戴高乐的英语却讲得很漂亮。这一点，是当时戴高乐的随员们以及丘吉尔的大使达夫·库柏早就知道的。

　　这一天，丘吉尔是这样开场的，他先用法语说道："女士们先去逛市场，戴高乐、其他的先生跟我去花园聊天。"然后他用足以让人听清的声音对达夫·库柏说了几句英语："我用法语对付得不错吧，是不是？既然戴高乐将军英语说得那么好，他完全可以理解我的法语的。"戴高乐及众人听后大笑起来。

　　丘吉尔的这番幽默消除了紧张，建立了良好的会谈气氛，使谈判得以在和谐信任中进行。

　　每个人的脖子上都顶着不同的脑袋，所以人的思想也不可能相同。因此，当意见不一致时，要学会运用幽默来化解，避免让双方进入对话的死胡同，从而化干戈为玉帛。

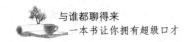
把拒绝隐藏在幽默之中

拒绝并不一定是一件严肃的事，事实上，拒绝可以是一件轻松的事情。适当地在拒绝别人的时候加入一些调笑剂，不仅能不让对方难堪，而且你自己心里也不会有太多的压力和内疚。

雨果成名后，一张张请帖雪片似的飞来，怎么办？直接拒绝显得没有礼貌，于是他想出了个好办法：拿起剪刀，咔嚓咔嚓，把自己的半边头发和胡子剪掉。当有人敲门进来说"请您参加……"时，雨果笑嘻嘻地指着自己的头发和胡子说："哟，我的头发太不雅观，真遗憾！"邀请者见状，哭笑不得，只好悻悻而走，却又因此情此境而大大消除了被谢绝引起的不悦。当雨果的头发长齐后，又一部巨著问世了。

即使是同样性质的谢绝，我们也无意要大家东施效颦地去学雨果剃"阴阳头"的做法。故事给我们的启迪在于：任何拒绝，一般都不会令人愉快，为此，我们就要想方设法使用幽默诙谐的手法，将对方这种不悦心情降低到最低限度。

有一次，林肯受邀在某个报纸编辑大会上发言，林肯觉得自己不是编辑，却出席这种会议，很不相称。所以，想拒绝出席这次会议。他是怎样做的呢？

他给大家讲了一个小故事："有一次，我在森林中遇到了一个骑马的妇女，我停下来让路，可是她也停了下来，目不转睛地盯着我的脸看了很长时间。她说：'我现在才相信你是我见到过的最丑的人。'我说：'你大概讲对了，但是我又有什么办法呢？'她说：'当然你生就这副丑相是没有办法改变的，但你还是可以待在家里不要出来嘛！'"大家为林肯的幽默哑然失笑。

林肯借妇女的口对自己的相貌嘲笑了一番，主旨在于暗示他并不愿出席这个编辑大会，让对方在笑声中淡忘了被拒绝的尴尬，将遗憾缩到了最低限度，并且抱之以支持与谅解。

运用诙谐的手段让彼此开怀，让别人愉快地接受拒绝，不失为处世良方。

第十一章　说好拒绝话，给足面子不生气

把生硬的逐客令说得有人情味

有朋来访，促膝长谈、交流思想、增进友情是生活中的一大乐事，也是人生道路上的一大益事。宋朝著名词人张孝祥在跟友人夜谈后，忍不住发出了"谁知对床语，胜读十年书"的感叹。然而，现实中也会有与此截然相反的情形。下班后吃过饭，你希望静下心来读点书或做点事，但那些不请自来的"好聊"分子扰得你心烦意乱。他们唠唠叨叨，没完没了，一再重复你毫无兴趣的话题，还越说越来劲。你勉强敷衍，焦急万分，极想对其下逐客令但又怕伤了感情，故而难以启齿。

但是，你"舍命陪君子"，就将一事无成，因为你最宝贵的时间，正在白白地被别人霸占着。鲁迅先生说："无端地空耗别人的时间，无异于谋财害命。"任何一个珍惜时间的人都不甘任人"谋财害命"。

那要怎样对付这种说起来没完没了的常客呢？最好的对付办法是：运用高超的语言技巧，把逐客令说得美妙动听，做到两全其美，既不挫伤好闲聊者的自尊心，又使其变得知趣。要将逐客令下得有人情味，可以参考以下方法。

1. 以婉代直

用婉言柔语来提醒、暗示滔滔不绝的客人：主人并没有多余的时间跟他闲聊胡扯。与冷酷无情的逐客令相比，这种方法容易被对方接受。比如，"今天晚上我有空，咱们可以好好畅谈一番。不过，从明天开始我就要全力以赴写职评小结，争取这次能评上工程师。"这是指请您从明天起就别再打扰我了。又如，"最近我妻子身体不好，吃过晚饭后就想睡觉。咱们是不是说话时轻一点？"这句话用商量的口气，传递着十分明确的信息：你的高谈阔论有碍女主人的休息，还是请你少来光临为妙吧。

2. 以写代说

有些"嘴贫"（北京方言，指爱乱侃）的人对婉转的逐客令可能会意识不到。对这种人，可以用张贴字样的方法代替语言，让人一看就明白。影片《陈毅市长》里有一位著名的科学家，在自家客厅里的墙上贴了"闲谈不得超过三分钟"的字样，以提醒来客：主人正在争分夺秒搞科研，请闲聊者自重。看到这张字样，纯属闲谈的人，谁还会好意思喋喋不休地说下去呢？

根据具体实际情况，我们可以贴一些诸如"我家孩子即将参加高考，请勿大声喧哗""主人正在自学英语，请客人多加关照"等字样，制造出一种惜时如金的氛围，使爱闲聊者理解和注意。一般情况下，字样是写给所有来客看的，并非针对某一位，所以不会令某位来客有多少难堪。

3. 以热代冷

用热情的语言、周到的招待代替冷若冰霜的表情，使好闲聊者在"非常热情"的主人面前感到今后不好意思多登门。爱闲聊者一到，你就笑脸相迎，沏好香茗一杯，捧出瓜子、糖果、

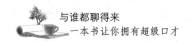

水果，很有可能把他吓得下次不敢贸然再来。你用接待贵宾的高规格接待他，他一般也不敢老是以"贵客"自居。

过分热情的实质无异于冷待，这就是生活辩证法。以热代冷，既不失礼貌，又能达到逐客的目的，效果之佳，不言自明。

4. 以攻代守

用主动出击的姿态堵住好闲聊者登门来访之路。先了解对方一般每天几点到你家，然后你不妨在他来访前的一刻钟先"杀"上他家门去。于是，你由主人变成了客人，他则由客人变成了主人，从而掌握交谈时间的主动权，想何时回家，都由你自己安排。你杀上门去的次数一多，他就会让你给黏在自己家里，原先每晚必去你家的习惯很快会改变。一段时间后，他很可能不再"重蹈覆辙"。以攻代守，先发制人，是一种特殊形式的逐客令。

5. 以疏代堵

闲聊者用如此无聊的嚼舌消磨时间，原因是他们既无大志又无高雅的兴趣爱好。如果改用疏导之法，使他们有计划要完成，有感兴趣的事可做，他们就无暇光顾你家了。显然，以疏代堵能从根本上解除闲聊者上门干扰之苦。

怎样进行疏导呢？如果闲聊者是青年人，你可以激励他"人生一世，多学点东西总是好的，有真才实学更能过上好生活，我们可以多学习学习，充实充实自己"。如果闲聊者是中老年人，可以根据他的具体条件，诱导他培养某种兴趣爱好，或种花，或读书，或练书法，或跳迪斯科。"老张，您的毛笔字可真有功底，如果再上一层楼，完全可以在全县书法大奖赛中获奖！"这话一定会令他欣喜万分，跃跃欲试。一旦他有了兴趣爱好，你请他来做客还不一定能请到呢！

巧踢"回旋球"拒绝他人

拒绝不一定非要表明自己的意思，许多时候，利用对方的话来拒绝他，是更聪明的选择。只要合理地从对方的话语里引出一个合乎逻辑的相同问题，巧踢"回旋球"，就能让对方"哑巴吃黄连——有苦说不出"。

小李从旅游局一个朋友那里借了一架照相机，他一边走一边摆弄着，这时刚好小赵迎面走来了。他知道小赵有个毛病：见了熟人有好玩的东西，非得借去玩几天不可。这次小赵看见他手中的照相机又非借不可了。尽管小李百般说明情况，小赵依然不肯放过。小李灵机一动，故作姿态地说："好吧，我可以借给你，不过我要你不要借给别人，你做得到吗？"小赵一听，正合自己的意思。他连忙说："当然，当然。我一定做得到。""绝不失信？"小李还追加一句说。"绝不失信，失信还能叫作人？"小赵保证。小李斩钉截铁地说："我也不能失信，因为我也答应过别人，这个照相机绝不外借。"听到这，小赵目瞪口呆，这件事也只有这样算了。

有一大部分人会产生这样的想法，难道我们在现实生活中都非要拒绝别人不可吗？我们在拒绝他人时都要采用这些委婉的方法吗？其实这个问题问得恰到好处。

在现实生活中，关于拒绝他人，我们应注意以下问题。

（1）在日常生活中，我们应该真诚地对待朋友和同学，积极地帮助他们。每个人都应该明白一个简单的道理"平时帮人，拒人才不难"，这种方法主要应用于那些的确违背我们意愿

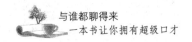
的事情。

（2）如果是由于自己能力或客观条件的限制，我们应该坦诚相对，说明自己的实际情况，同时，要积极帮对方想办法。

（3）对于某些情况，直接说"不"的效果更好，特别是对于那些违法乱纪的事情，应持坚决的态度来拒绝。对于那些可能引起误解的事情，也应该明确自己的态度，否则会"当断不断，反受其乱"。此外，由于拒绝不明可能会影响对方，也会影响事情的发展方向，所以，这时我们应该直截了当地拒绝。

（4）即使我们掌握了一些比较好的方法，在一般的拒绝中，我们也应该语气委婉，最好还能面带微笑，这样既能达到自己拒绝他人的目的，又能消除由于拒绝给对方带来的不快。

贬低自己，拒绝他人

用自我贬低的方法或者在玩笑的氛围中拒绝他人，不仅维护了别人的面子，也能使自己全身而退。

比如，朋友想邀你一起去玩电游，你就可以说"我们都是好朋友了，说出来不怕你们笑话，我学了几年一直玩得不像样，你们看了都会觉得扫兴，为了不影响你们的兴致，我还是不去为好"。又如，在同学聚会的时候，你确实不会喝酒，你可以说"我是爸妈的乖儿子，在家里面又没有什么地位，要是喝了酒，那回去后肯定会被我爸揍死的，甚至还会被我妈骂死，你们就饶了我吧"。同时，你还可以说一些其他的事例进行说明，或者找一些比较好的借口来增强这种自我贬低的效果。

装疯卖傻法是一种特殊形式，是"表示自己无能为力，不愿做不想做的事"。也就是说"我办不到！所以不想做"。

根据心理学的调查发现，人们的确有在日常生活中故意装傻的现象。例如，在上班族中，有20%的人曾对上司装过傻，而14%的人对同事装过傻。

上班族能用到装疯卖傻法的场合有以下三种。

（1）不愿做不想做的事。像是打杂般的、很花时间的工作，或单调的工作等。还有像公司运动会之类，公司内部活动的筹办委员也是其中之一。像这种情形便有不少人会用"我不会呀"或"我对这方面不擅长"等理由，来把不想做的事巧妙地推掉。

（2）拒绝他人的请求。当别人找上你，希望你能帮他的忙时，你很难直接说"不"，因此便能以"我很想帮你，可是我自己也没有那个能力"的态度来婉转拒绝。拒绝别人这种事，很难直接以"我不愿意"这种态度来拒绝，而且还可能会让对方怀恨在心。因此，若是用能力，也就是自己无法控制的原因来拒绝（想帮你，可是帮不了）的话，拒绝起来便容易多了。

（3）降低自己的期望值。一个人若能得到他人的高度期待，固然值得高兴，但压力也会随之而来。因为万一失败，受到高度期待的人带给其他人的冲击性会更大。因此，借由表现出自己的无能来降低期望值，万一将来失败，自己的评价也不会下降得太多；相反的，如果成功，反而会得到预期之外的肯定。

装疯卖傻法有以下两种实行技巧。

1. 表明自己无能为力

就像前面所说，这招便是表明"我没有能力做那件事，因此我不愿意做"的一种方法。根据工作的内容，"无能"的内容也有所不同。例如，别人要求你处理电脑文书资料时，可以说："电脑我用不好，光一页我就要打一个小时，而且说不定还会把重要

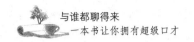
的资料弄丢！"别人要求你做账簿时，可以说："我最怕计算了，看到数字我就头痛！"这可以用于与自己平日业务无关的业务上。

不过，所表明的"无能"的理由不具真实性，那就行不通。比如，刚才处理电脑文书资料的例子，如果是在计算机行业工作，说这种话谁信？后面那个例子，如果发生在银行，也绝对会显得很突兀。平常愈少接触到的工作，说这种话时，所获得的可信度也就愈大。所以，要说"我没做过""我做得不好"这些话的时候，一定要具有可信度才行。

2. 将矛头指向他人

这招是接着"表示无能"的用法之后，以"我办不到，你去拜托某某比较好"的说法，来将矛头指向他人的做法。搬出一位在这方面能力比自己强的人，然后要对方去拜托他就行了，但这种方法只有在大家都知道那个人的确比较胜任时才能用。

这个办法有一个问题就是，可能会招致那个被你"转嫁"人的怨恨。想拜托人的人一定会说："是某某说请你帮忙比较好！"这么一来，那个人心里一定会想："可恶的家伙，竟然把讨厌的事推给我！"

尤其当需要帮忙的工作内容是人人都不想做的事情的时候，这种惹来怨恨的可能性就更高。所以，最好在多数人都知道"某某事情是某某最擅长的"这样的前提下用此招。

借用别人的意思，巧妙拒绝

有的时候，你根本不用绞尽脑汁去想那些拐弯抹角的拒绝方式，就能把"不"字直接说出口，并且切断对方所有后路，让

第十一章
说好拒绝话，给足面子不生气

其无法采取别的方式再对你进攻。不过，在这里你要借用"别人的意思"。

　　某造纸厂的推销员上某大学推销纸张，推销员找到他熟悉的这个大学的总务处长，恳求他订货。总务处长彬彬有礼地说："实在对不起，我们学校已与某国营造纸厂签了长期购买合同，学校规定再不向其他任何单位购买纸张了，我也应按照规定办。"

　　拒绝不是总务处长的意思，责任已经全部推到"学校"那里，学校的规定，谁也无法反抗，事情就这么简单。以别人的身份表示拒绝。这种方法看似推卸责任，却很容易被人理解：既然爱莫能助，也就不便勉强。一位和善的主妇说，巧妙拒绝的艺术使她一次又一次获得了宁静。每当推销员找上门来，她便彬彬有礼但态度坚决地说："谢谢您来推销，但是我丈夫不让我在家门口买任何东西。请您理解我一个做妻子的难处。"这样，推销员会因为被拒绝的并不仅仅是自己一个人而得到一点心理平衡，从而减少被拒绝的不快。

　　人处在一个大的社会背景中，互相制约的因素有很多，为什么不选择一个盾牌来挡一挡呢？例如，有人求你办事，假如你是领导成员之一，你可以说："我们单位是集体领导，像刚才的事，需要大家讨论才能决定。不过，这件事恐怕很难通过，最好还是别抱什么希望，如果你实在要坚持的话，待大家讨论后再说，我个人说了不算数。"把矛盾引向另外的地方，意思是：我不是不给你办，而是我决定不了。请托者听到这样的话，一般都会打退堂鼓。

　　一个年轻的物资销售员经常与客户在酒桌上打交道，久而久

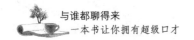
之，他觉得自己的身体每况愈下，已不能再像以前那样喝太多酒了。但应酬中又免不了要喝酒，怎么办呢？后来他想到一个妙计。每当客户劝他多喝点的时候，他便诙谐地说："诸位仁兄还不知道吧，我家里那位可是一个母老虎，我这么酒气熏天地回去，万一她河东狮吼起来，我还不得跪搓衣板啊！"

他这么一说，客户觉得他既诚恳又可爱，自然就不再多劝了。

每个人都可以在必要时虚构一个"后台领导"，把自己的意愿都归到他身上，适当地弱化自己的地位，表现出一种对决策的无权控制，从而全身而退，拒绝的效果也立竿见影，对方也无法进一步提要求。

当然这一招也不能乱用，一般而言，最好是用来拒绝陌生人或者不是很熟悉的人，比如某个推销员或者刚认识的一个还不清楚底细的朋友。如果是很熟悉的朋友，你也借别人的嘴来拒绝，让朋友知道了，会觉得你不够真诚，从而对你的印象大打折扣。另外，如果大家对你的底细都很了解，知道你妻子温柔贤惠一向只听你的话，你还说你妻子是河东狮吼的悍妇，这不但不真诚，还有可能传到你妻子的耳朵里，影响感情。

所以，利用别人的意思来拒绝也要注意使用方式。最好对方不认识你说的这个人，你借用的这个人跟你的关系又很密切，这样才能把拒绝做好。

拒绝他人，要记得留台阶

拒绝是一种常见的现象，但怎样拒绝不使人难堪，让人有台阶可下，则有一定技巧。这里列举几种恰到好处又不失礼节的拒绝方式。

1. 态度上要表现得友好和热情

一位青年作家想同某大学的一位教授交朋友，以期今后在文学艺术创作和理论研究方面携手共进。作家热情地说："今晚6点，我想请你在海天餐厅共进晚餐，我们好好聚一聚，你愿意吗？"事情真凑巧，这位教授正在忙于准备下星期学术报告会的讲稿，实在抽不出时间。于是，他微微地笑了笑，带着歉意说："对你的邀请，我感到非常荣幸，可是我正忙于准备讲稿，实在无法脱身，十分抱歉！"他的拒绝是有礼貌的，但又是那样干脆。

这位教授虽然拒绝了青年作家，但态度热情诚恳，因此，并没有让青年作家产生不快，而是愉快地接受了对方的理由。

2. 拒绝之前要表明你对对方的同情

黄女士在民航售票处担任售票工作，由于经济的发展，乘坐飞机的旅客与日俱增，黄女士时常要拒绝很多旅客的订票要求，因此黄女士每每总是带着非常同情的心情对旅客说："我知道你们非常需要坐飞机，从感情上说我也十分愿意为你们效劳，让你们如愿以偿，但票已订完了，实在无能为力。欢迎你们下次再来乘坐我们的飞机。"

黄女士的一番话，让旅客再也提不出意见来了。

3. 对于难缠而麻烦的对手，暗示你对他的漠视

称呼名字，表示了双方关系的密切程度，代表着对对方人格

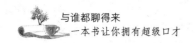
的尊重程度。如果见过面，对方却记不起自己的名字，就是根本没有把自己放在眼里。

假如是不想答应对方的要求，而对方却死死地纠缠，也没有顾及太多的礼貌，可以故意假装不知道对方的名字，暗示他的事包括他本人对你来说不重要。这是一种实用的心理技巧，对于惹人厌烦或有意轻视疏远的对象，你可以故意问："啊，我忘记了，你的名字叫什么？"但要谨慎使用，这种问法一定会给对方相当大的打击。

拒绝上司不合理要求的策略

领导委托你做某事时，你要善加考虑，这件事自己是否能胜任？是否不违背自己的良心？然后再做决定。

如果只是为了一时的情面，即使是无法做到的事也接受下来，这种人的心似乎太软。即使是很照顾自己的领导委托你办事，但自觉实在是做不到，你就应该很明确地表明态度，说："对不起！我不能接受。"这才是真正有勇气的人。否则，你就会误大事。

当然，拒绝领导是要讲究方法的，因为领导不是一般人，他有可能决定你的前程，不容轻易得罪。但如果你能采取一些巧妙而又行之有效的拒绝方法，那你尽可以大胆说一句"领导的话就敢不听"。不过，这里要声明的是，这只是针对领导提出的一些不合理要求而言的。

当领导提出一件让你难以做到的事时，如果你直言答复做不到时，可能会让领导有损颜面，这时，你不妨说出一件与此类似的事情，让领导自觉问题的难度而自动放弃这个要求。

甘罗的爷爷是秦国的丞相。有一天，甘罗见爷爷在花园走来走去，不停地唉声叹气。

"爷爷，您碰到什么难事了？"甘罗问。

"唉，孩子呀，大王不知听了谁的教唆，硬要吃公鸡下的蛋，命令满朝文武想法去找，要是三天内找不到，大家都得受罚。"

"秦王太不讲理了。"甘罗气呼呼地说。他眼睛一眨，想了个主意，说："不过，爷爷您别急，我有办法，明天我替您上朝好了。"

第二天早上，甘罗真的替爷爷上朝了。他不慌不忙地走进宫殿，向秦王施礼。秦王很不高兴，说："小娃娃到这里捣什么乱！你爷爷呢？"

甘罗说："大王，我爷爷今天来不了啦。他正在家生孩子呢，托我替他上朝来了。"

秦王听了哈哈大笑："你这孩子，怎么胡言乱语！男人家哪能生孩子？"

甘罗说："既然大王知道男人不能生孩子，那公鸡怎么能下蛋呢？"

甘罗的爷爷作为秦国的丞相，面对皇帝的无理请求，找不到合适的办法拒绝。甘罗作为一个孩童，能如此得体地拒绝秦王，并让秦王不得不放弃自己的无理请求，实在是出乎人们的意料。也正因为如此，秦王才有"孺子之智，大于其身"的叹服。以后，秦王又封甘罗为上卿。现在我们俗传甘罗 12 岁为丞相，童年便取高位，不能不说正是甘罗那次智慧的拒绝，才使秦王越来越看重他的。

当领导提出某种要求而下属又无法满足时，设法造成下属已尽全力的错觉，让领导自动放弃其要求，也是一种好方法。

比如，当领导提出不能满足的要求后，可以采取下列步骤先答复："您的意见我懂了，请放心，我保证全力以赴去做。"过几天，再向他汇报："这几天×××因急事出差，等下星期回来，我再立即报告他。"又过几天，再告诉领导："您的要求我已转告×××了，他答应在公司会议上认真地讨论。"尽管事情最后不了了之，但你也会给领导留下好印象，因为你已造成"尽力而做"的假象，领导也就不会再怪罪你了。

通常情况下，人们对自己提出的要求，总是念念不忘。如果长时间得不到回音，就会认为对方不重视自己的问题，反感、不满也会由此而生。因此，即使不能满足领导的要求，只要能做出些样子，对方就不会抱怨，甚至会对你心存感激，主动撤回已让你为难的要求。

你也可以利用群体掩饰自己，含蓄地点出"不"字。例如，领导要求你做某一件事时，其实你很想拒绝，可是又说不出口，这时候，你不妨拜托其他两位同事和你一起到领导那里去，依靠群体替你做掩护来说"不"。首先商量好谁是赞成的那一方，谁是反对的那一方，然后在领导面前争论。等到争论一会儿后，你再出面含蓄地说"原来如此，那可能太牵强了"，而靠向反对的那一方。这样一来，你可以不必直接向领导说"不"，就能表明自己的态度。这种方法会给人"你们是经过激烈讨论后，绞尽脑汁才下的结论"的印象，而包括领导在内的所有人都不会有哪一方受到伤害的感觉，从而使领导很自然地自动放弃对你的要求。

拒绝领导的方法有许多，一定要看好时机，用最自然的形式将你的本意暗示出来。不要惧怕，只要方法得当，你和领导也能有商量的余地。

第十二章　说好甜蜜话，爱情港湾最温馨

实话虚说，抓住时机表爱意

生活中有不少青年朋友，当爱情叩响心扉之时，虽然不乏兴趣和激动，但更多的是不知所措，想让心中的她（他）知道，却又害怕让她（他）知道，最后致使与美好姻缘失之交臂，留下深深的遗憾。

狄更斯的《大卫·科波菲尔》中有个故事：大卫爱上了朵萝，却不敢表白。朵萝的好友密尔小姐看出了他的意思，对他说："泉水不能掩住，要让它喷射；土壤不能闲着，必须耕耘；春天的花得及时攀折。"

聪明的青年朋友或许已经领悟了其中的奥秘：爱就要行动。也就是说，当你爱上一个人时，就应该不失时机地向对方表明自己的爱。

表达爱意是每个人的权利，鼓起勇气，大胆地说出自己的心意，才有可能获得对方的爱情。

1866 年，对陀思妥耶夫斯基来说是十分困难的一年，他的妻子

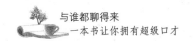

玛丽亚和他的哥哥都在这一年相继病逝。为了还债，他得为出版商赶写小说《赌徒》，为此请了一名速记员。速记员叫安娜·格利戈里耶夫娜，一个年仅20岁、性情异常善良和聪明活泼的少女。

安娜非常崇拜陀思妥耶夫斯基，为此她工作认真，一丝不苟。书稿《赌徒》完成后，陀思妥耶夫斯基已经爱上了他的速记员，但不知道安娜是否愿意做他的妻子，于是，他便把安娜请到他的工作室，对安娜说："我又在构思一部小说。""是一部有趣的小说吗？"她问。"是的。只是小说的结尾部分还没有安排好，一个年轻姑娘的心理活动我把握不住，现在只有求助于你了。"他见安娜在谛听，继续说："小说的主人公是个艺术家，已经不年轻了……"

安娜忍不住打断他的话："你干吗折磨你的主人公呢？""看来你好像同情他？"作家问安娜。

"我非常同情，他有一颗善良的、充满爱的心。他遭受不幸，依然渴望爱情，热切期望获得幸福。"陀思妥耶夫斯基有些激动，接着说："用作者的话说，主人公遇到的姑娘温柔、聪明、善良、通达人情，算不上美人，但也相当不错。我很喜欢她。但他们很难结合，因为两人性格、年龄悬殊。年轻的姑娘会爱上艺术家吗？这是不是心理上的失真？我请你帮忙分析，想听听你的意见。"作家征求安娜的意见。

"怎么不可能！如果两人情投意合，她为什么不能爱艺术家？难道只有相貌和财富才值得去爱吗？只要她真正爱他，她就是幸福的人，而且永远不会后悔。"

"你真的相信，她会爱他？而且爱一辈子？"作家有些激动，又有点犹豫不决，声音颤抖着，显得既窘迫又痛苦。

安娜怔住了，终于明白他们不仅仅是在谈文学，而且是在构思一个爱情绝唱的序曲。安娜小姐的真实心理正如她自己所言，她非常同情主人公，即作家陀思妥耶夫斯基的遭遇，且从内心里爱慕这位伟大的作家，如果模棱两可地回答他的话，对他的自尊和高傲将是可怕的打击。于是安娜激动地告诉他："我将回答，我爱你，并且会爱一辈子。"

后来，他们结为伉俪。在安娜的帮助下，陀思妥耶夫斯基还清了压在身上的全部债务，并在后半生写出了许多不朽之作。陀思妥耶夫斯基向安娜求爱的妙计，后来被世人传为爱情佳话。

像陀思妥耶夫斯基那样，在不敢肯定对方是否也有意于自己时，可以实话虚说，既能摸清楚对方的心理，又能避免遭受拒绝时的尴尬。当你有了喜爱的人，一定要抓住时机，表白你的爱意，否则很有可能与心爱的人失之交臂。以下有几点需要注意。

（1）说出心中的"我爱你"，一定要根据双方的性格特征、文化素养、感情发展程度及社会风尚等情况，选择适当的方式。

（2）如果你对自己并没有十分的把握，最好不要唐突地去表白。可以借助对方的兴趣和爱好，制造彼此相处的机会，抓住时机表现自己，循序渐进地让对方爱上你。

（3）如果你能确定对方的心里也有你，可以开门见山地表白你的心迹。

（4）可以巧用物体为媒介表达你的感情。

（5）可以旁敲侧击地表白你的爱意，利用一些潜台词来试探对方的心思。

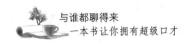
适当说一些温柔的谎言

纽约的精神病学家亚黑山德拉·西塞蒙兹博士说:"在夫妻关系中,撒谎有时候是善意的,比如说,'你还和以前一样漂亮',实际上就是向对方表明了自己的爱与忠实。"

有时候说一点谎话可以避免一场无谓的争吵。在印第安纳州房地产部门工作的凯蒂·瑞恩说:"我也许不想看网球赛实况转播,但如果他想看,我就说自己也喜欢。让他高兴对我来说很重要。"

如果想让对方高兴而说一些谎话并不是坏事,但也不能太离谱。比如,妻子过生日时,丈夫送了一个食品加工器作为生日礼物,妻子心里肯定不高兴,这时候如果还说:"这正是我喜欢的东西!"就不能算是诚实了。

某些时候,为了不让对方担忧,我们也会故意隐瞒某些事实。著名学者德伯拉·坦南解释说:"一些男人不向妻子讲述某些事情,是因为他们认为妻子知道后会放心不下。而妻子则不这么看,她们认为这是不信任的表现。"

比如,一个珠宝老板由于自身的错误而造成了重大损失,之后又高息贷款使家庭保持以前的消费水平。后来,他终于还清了贷款。可他一直瞒着自己的妻子,当妻子得知这一切时非常生气,她说:"我们可以削减开支,我宁愿吃腌菜也不会同意冒险去高息贷款。"

女性有时候也会说一些保护性的谎话。布伦代斯大学的哲学教授赛塞拉·鲍克劝告大家在说这类谎话时要特别留心,因为把自己的好意通过说谎的方式表现出来很容易被人误解。比如，丈夫连续几天在公司加班，晚上很晚才能回家，妻子很为丈夫的身体担心。因此，有一天做完晚饭后便打电话谎称家中有急事要他马上回来。当丈夫回到家，发现只是让自己吃饭时很不高兴，二话没说就回公司去了。

凯蒂·瑞恩承认自己有时候撒谎是想为自己"赢得"一点时间。她说："如果周末原计划的业务活动取消了，我也会照常外出，去商店或公园闲逛。如果我丈夫发现了，就很不高兴：'你为什么不愿意回家同我待在一起？'"

妻子这样撒谎不利于夫妻关系的健康发展。他说，许多人是在根本不必要的情况下撒谎的，因而失去了许多本可以同爱人增进了解的机会。如果凯蒂能把自己的想法坦诚地告诉丈夫，她的丈夫或许会逐渐理解她需要一些自由支配的时间。

我们常常对陌生人说谎，比如，在刚开始投入一份新的工作时，老板问起感觉如何，我们多半会笑笑说："还不错。"当时无论如何也不会告诉他压力很大，或是"真担心永远学不来"之类的实在话。我们常把实话全部带回家，再一股脑儿地倒给我们所爱的人。

我们可以对陌生人说些言不由衷的"谎话"，那么，为什么不肯把它也送给自己心爱的人呢？你应该明白，男女双方感情，有时候是需要靠一些温柔而善意的谎言来呵护的。

想要约会怎么提出来

在有些人观念中，认为主动约会的一方，会有失身价，今后

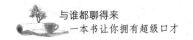

在恋爱过程中会被动。这样的想法是既幼稚而又有害的。男女双方，都可以主动提出约会。尤其是男方，在这方面更应表现出一种主动的精神和姿态。

不过，提出约会时，应注意以下几点。

（1）无论是用电话、书信，还是口头等方式约对方会面，都不能以命令或生硬的口吻和态度来"逼使"对方同意，而应以温和的商量的口气，协商行事。

（2）选择时间地点，要充分考虑对方赴约是否方便，最好是在商量时，让女方提出意见，以她的方案为主。如果女方提不出具体意见，则可以提出自己的想法，经对方同意后再做决定。

（3）约会的时间地点一经确定，没有十分特殊的情况，双方都不能失约，不能迟到，更不可事先不通知对方便单方面改变时间、地点。这样做既不礼貌，也会使对方久等失望而产生误会。

（4）因交通不便或交通工具出了故障，或其他客观原因而迟到的一方，应主动向对方表示歉意，并说明原因，请对方谅解。同时，先到的一方，对于对方因无法解决的困难而失约或迟到，也应予以充分体谅和安慰，不可表示怒意，更不可使性子，一句话不说便丢下对方扬长而去，这样做的结果，即使不是散伙，也会在对方心中留下阴影。最好预先把情况想得周全一些，并在时间上留有余地，不可限得过死，以免因意外情况而无法准点赴约。如果约会是去看电影或戏剧、体育比赛等，则双方都应提前到达，不可延误。一方延误，即使对方等得焦急不安，又会因进场较晚而影响他人，显得缺少礼貌。

第一次提出约会的态度和所说的内容也应注意，一般要遵守以下几点原则。

（1）真诚、坦率。对对方在约会前希望了解的情况和提出的几点问题，如实地介绍和回答。有一说一，有二说二，既不能有意隐瞒，更不能说谎欺骗。

（2）无论是谁主动提出约会，无论是谁在追求谁，在提出约会时，都不可以表现出得意之态，或以开玩笑的方式贬人褒己。要尊重对方，谦虚礼貌。

（3）预约时的谈话内容尽可能广泛些，除了解对方的一些基本情况，还可找一些话题交换看法，从中试探对方的观念、水平、兴趣以及对生活、对人生、对艺术等的态度与鉴赏能力。此外，最好不要直接问及对方的家庭财产以及对方以往的恋爱史等。

（4）考虑到各人性格上的差异，不可以要求对方立刻欣然同意，同时，自己也不能毫不观察对方的反应，而大唱独角戏。要善于掌握分寸，善于寻找话题，善于诱发对方会面的兴趣。

情真意切，女生"束手就擒"

初次接触后，想要约女生出游，不是一件很容易的事，因为大多数女生都会出于害羞和矜持而拒绝邀请，而男生也会因为害怕被拒绝，颜面扫地，不肯再三地去邀请女生。其实恰恰相反，只要男生主动一些，在言语上略施小计，约女生出游并非难事。

不管一个女人的内心多么软弱，她也不会表露在外，而且，"谨慎""谦恭""有风度"是女性的传统美德和本能表现。换句话说，在女性的心中，对于男人的诱惑、邀约等，与其不停地去思索，还不如以社会大众的习惯来顺从。

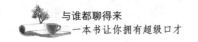
所以，当你要去邀请她时，不要用商量的口气问她"愿不愿意……"之类的话，而最好直接说"咱们一起去……"。

如果用"愿不愿意……"这种问法，乍看起来好像非常"绅士"，但事实上却给了对方说"好"或"不"的两种机会。警戒度高的女人，为了不节外生枝，干脆就摇头对你说"不"了。相反，如果你用单刀直入的问法，那就大不一样了。

如果能在你的言辞中加入更多的肯定语气，勾勒出更多的美好画面，那对方肯定会怦然心动，最终答应你的恳求。

下面这一段，是一位小伙子煞费苦心地劝说女生答应邀约的对话。

"你今天真漂亮，晚上6点钟我们出去吃顿饭，聊聊天，好吗？"

"不行。"

"我们应该彼此多了解一点。就在6点钟好了，到时我来接你。"

"不行。"

"说不定我们可以遇到一个我们喜欢的人，或是一件有趣的事呢！就今晚6点钟吧！"

"不行。"

"6点钟见面以后，我们可以吃顿饭，看场电影，然后到咖啡厅去坐坐，我们会有一个非常美妙的夜晚，还是去吧！"

"是吗？"

"我发觉我越来越喜欢你，今天晚上一定要见到你，就6点钟，我来接你。"

"那好吧，6点钟见。"

可以看得出来，这个小伙子很聪明。在这段邀请词中，他表现出了极大的信心，他确信"会有一个非常美妙的夜晚"，所描述的美丽场景已经钻进了女生的脑海里，使她不得不最后"束手就擒"。

不要害怕太过主动，女生其实恰恰希望你能再多敲几次门，多说几次邀请她的话。只要做到情真意切，百折不挠，女生一般都不会拒绝你的邀请。

面对刁难，一张嘴就会"哄"

青年男女双双坠入爱河之中时，常常碰到一些难以回答的问题，有时对方就是在故意刁难，这时你一定要沉着应对，切不可顺口就说，但也不要思考过久，这样反而使对方生疑。

1. 当对方问你"你和别人也是这样的吗？"

这的确是一个令人头痛的问题，通常是在情侣们一番亲热之后一方提出。这时，你只能说："啊，不，亲爱的，没有人能和我们的关系做比较。"或许这只是谎话，但反过来，任何正面做出的比较回答，都是有害的，不是破坏了你们之间所建立的那种默契，就是损害了你以前情人的形象。

2. 当对方问你"你真的喜欢我的家人吗？"

这也是一个严重的问题。当你爱上一个人时，你自然只是与他结婚，而不是与他的家人结婚。但是，那些结婚多年的人会告诉你，有时你简直也像是和他（她）的家人结了婚。所以，如果男友（女友）问你这个问题，你可以这样回答："啊，他们真有趣！"这不一定是说谎。如果我回答"哼，我恨透他们了！"

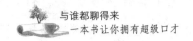

不是更好吗？也许你可以补充："我觉得你爸爸很不错，只是，你能否叫他让我们自己决定度蜜月的地方？"

3. 当女友问你"我需要减肥吗？"

如果你被迫回答这个问题，你就要仔细推敲答案。对方是真的想知道你的建议吗？多半不是的。她想知道的，是不论她多重，你依然关怀她。所以，你最好这样回答："我认为你身材挺棒的。啊，我想起来了，可惜你不再穿那套蓝色裙子！它本来多么适合你！"这样一来，你虽说了点谎，但其实也暗示了一点真话。

4. 当女友问你"你以前有过外遇吗？"

在一对情人的恋爱初期，女的往往喜欢问男的这类问题。她们想知道对方的底细。如果你以往一直颇为花心，或者一直爱纸醉金迷的生活，即使现在已经痛改前非，也不宜立即就和盘托出。你只能这样先答道："啊，实在没有。我一向是不大外出的。"

5. 当女友问你"你目不转睛地看着那女子，是不是喜欢上她了？"

两个人相爱和结婚，并不表示他们不会为俊男或美女所吸引，这样也丝毫不表示对方不再爱你。但不幸的是，当对方发觉你正在以欣赏的眼光看着俊男或美女，便会醋意大发。所以，如果他或她问到你时，你最好还是这样回答："什么？我看什么？不，我什么也没看，我只是在动脑筋，动得眼睛发呆了吧。"

6. 当女友问你"这款衣服适合我吗？"

要回答这个问题一定要看清女友意图。如果在她还未买下衣服的情况下，你可以这样答道"亲爱的，你穿起来就像一袋土豆，只是中间用绳子扎起来罢了。"不幸的是，女孩子总是在米已成炊之时才向你提出问题，这时你只好答："啊，穿着真好看！"

你这个谎话其实也不全是胡扯，因为心理学家说：即使本来穿得不好看，但是，只要穿着者有自信，以为穿得好看，便有可能真的变得好看。

聪明的女孩，这样打动男孩

如何与喜欢的男孩交谈？聪明的女孩都会想到这个问题，为什么很多女孩的谈话很吸引男孩？那是因为这些女孩会"调情"，会与男孩沟通。

会与男孩沟通的女孩，通常把约会当成一种积极而快乐的经验，所以她很容易和男孩打成一片。

女孩通常不会拒绝求偶的"游戏"，相反，她们会在其中自得其乐。聪明的女孩会主动创造机会，而不是等待机会。她们享受求爱的整个过程，这个过程浸透了她们的耐心和技巧。

如果你追男孩，要记住耐心和高明的技巧是很重要的。

有一个女孩住在一家医院附近，她看中了一个医生，苦于难以接近他，于是她想到一个方法。

有一天，女孩双手抱满东西，和迎面匆匆而来的一个人撞个满怀，东西散落一地。这个人当然就是那个医生，他对自己的不小心连声道歉，同时帮她捡起散落的物品。女孩一脸害羞又通情达理地说："没关系，你也是太忙碌了，才弄成这样嘛！"

初次的计划成功后，女孩每天在医院下班时间牵着小狗在附近徘徊。几天后，她又遇上了那个年轻医生，两个人攀谈起来，不久成为恋人。

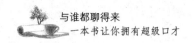
有一个女孩追一个男人，她发现男人早晨有跑步的习惯，于是她也开始跑步。一次，在跑到男人面前时，她友好地和他打招呼，脚下却失去平衡摔倒在地，她碰破了膝盖，男人把她带回住处，并给她敷药。这样，她虽然跌伤了，却得到了和男人接近的机会。

当你因赴约而紧张时，有一个秘诀就是：把紧张诠释成兴奋。

你应当注意不要产生这种错觉，即在约会之后，你们"必须"互相接受对方。这种生硬的规则，使男女双方都不能轻松自然地交谈。

你和人交谈时，心里也不要总想着绝不随便向男孩让步，你若是太固执，就不会得到他的尊重。而只有当你放弃这种容易引发"战争"的态度，你才能真正获得你的快乐。

聪明的女孩和男孩交谈时，不是短兵相接，而是自由自在地交谈。放松自己，开心交谈，接纳话题，并不是要求失去自我，而是一种聪明的态度。

聪明的女孩不会等待，她会把和男孩约会、谈话当成一种乐趣。她明白男孩对她说的每句话的真正含义——因为一句玩笑，一句对工作的怨言，都可以泄露出男孩内心的问题和麻烦。

在谈话时，你不要认为，只要开口，就得意味深长，不然就闭口不语，这在求爱时行不通。"空洞的"但"讨人欢心"的交谈，才是求爱的最佳语言。

不论是开场白还是在交谈中，只要你不炫耀才华或故弄玄虚，交谈就容易多了。开场白最好的策略，就是尽快地向男孩进行简单的问候。

一般女孩都很多嘴，这是女人的天性使然。如果你很聪明，你要尽量少讲话，少做没有必要的长篇大论，这样整个约会氛围就会很随和了。

在你与男孩交谈时，不要总是对面站立或对面坐着，你可以将身体时而转向外侧，这样可以减少你对他的压力。你的目光也不要紧盯着他，你可以将目光转到别处去，这样你的眼光看上去对他就没有威胁了。

刚开始交谈时，最好的策略是不要直接提到你自己，而要提那些你们共同见到、感觉到或心里都知道的东西，即你们的"共同的焦点"。共同的焦点可以拐弯抹角转移视线，共同焦点可以是古典音乐、世界名著、名酒等。共同焦点是交谈中的催化剂，你可以通过共同焦点这个间接的注意中心给你们的交谈找到一条捷径。

交谈本身在求爱中十分关键，但不会有禁区。交谈对于互相喜欢的人来说并非难事，有时一开口，就很难收住。

对于喜欢的人，不要羞于表达，要主动争取。可以从一些平常的事情或者彼此间的兴趣开始说起。要有耐心，不要急于求成。在喜欢的男孩面前要努力表现自己的长处，掩饰自己的短处，但不可欺骗。相处时要自然，不能太过紧张或做作。

不失时机表达真感情

耍小性子可以说是女孩子的天性，恋爱中的女孩更是如此，她们常为男友的言行不符合自己的心意而耍性赌气。其实，她们心里并不是真的生男友的气，而是故意生气，看男友是不是会过来哄自己，这时候的男孩子就要耍耍嘴皮子了。

说到真情流露，孙犁所描绘的水生夫妇的生活场景，为我们

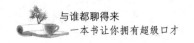

提供了一个美好的范本。

孙犁的名作《荷花淀》，如一幅富有诗意的爱情风俗画。水生夫妻的对话仿佛是一首回味无穷的爱情诗篇，其中洋溢着深厚的真诚和关切之情。

"月亮升起来了，院子里凉爽得很，干净得很！"水生嫂手指上缠绞着柔润修长的苇眉子，坐在院子里，等候着丈夫。身边是一片洁白，淀里是一片洁白，透明的雾，柔和的风，荷叶荷花香飘了过来。在这朴素干净的农家院中，一片安宁，一片温馨，一片思念牵挂的温情。辛劳了一天的公公熟睡了，玩耍了一天的儿子也进入了梦乡。水生嫂在月光下，一天的担心，一天的思念，不正是可以在这种静寂的夜景中，轻柔地同丈夫叙说吗？宁静之夜是夫妻对话的一个充满诗意的极好环境，美妙的夜会给爱情增添甜蜜温柔。

水生嫂以温柔体贴的话语表达出了对丈夫的深情，她了解丈夫——朴实勤劳、积极能干、小苇庄的游击组长、党支书记，她怎能不爱他呢？所以，当水生从区上回来时，她首先要问的便是："今天怎么回来得这么晚？"语气温柔，充满了体贴和关切的感情。轻轻的一句话，却包含了这样的意思：今天你在外面怎么样？这么晚怎不叫人心急？你吃饭了吗？话语中充满了宽厚贤淑和温柔之情。这柔柔的一声仿佛是荷花淀飘来的温馨的荷香，让水生顿觉轻松，一天的疲劳也消失了。当水生询问儿子的情况时，她又轻言细语地说："和爷爷收了半天虾篓，早就睡了。"言语不多，却有许多信息。她讲了儿子和公公的一天活动，并以"儿子早睡了"含蓄地露出了那种嗔怪丈夫回来太晚的心情，但这种嗔怪却是一种关心、一种疼爱。

水生是个男子汉，虽豪爽刚毅，却胸怀博大，粗中有细。他懂得在怎样的时机用细腻体贴的语言安慰妻子，使她更支持自己的工作。所以他的话从整体上说就表现出一种情与理结合的特点。道理简单，却情真意切。"我是游击组长，是干部，自然要站在头里"，这是对妻子温情的叙说。"他们全觉得你还开明一些"，则又是对妻子的由衷赞扬；"家里的事你就多做些"，则更是对离别后妻子独自担当家庭生活重担的处境的深情体谅；"千斤担子你先担着吧，打走鬼子，我回来谢你"，却更体现了丈夫对妻子给予的理解和支持的深深感谢与崇高敬意。还需要说什么呢？做妻子的足以能感受到心灵的温暖和慰藉了。

在水生和水生嫂这样一对仅仅是粗通文墨的青年农民夫妻的对话里面，我们丝毫看不到语言修辞的炫弄。这里有的只是夫妻间倾心交谈的语句，有的只是夫妻间倾注了深厚情爱的言辞。正因为此，他们的语言才显得他们的感情朴实无华、简洁明了。

一对恋人相处，并不需要什么豪言壮语，需要的只是一种情真意切，只要平时多表现些，平淡如水的话语也能打动对方的心。这也是种说话说到位的表现。

第十三章　说好缄默话，懂得倾听显智慧

一切都从聆听开始

卡耐基曾被邀请去参加一个桥牌集会。卡耐基不玩桥牌，在场的一位金发女郎也不玩。她发现卡耐基以前曾是罗维尔·托马斯进入无线电业之前的经理，也发现他在准备生动的旅行演讲的时候，曾在欧洲各处转过。因此她说："啊，卡耐基先生，我请求你把所有你过去的那些美妙的地方，以及你所见过的那些美丽景色，全部告诉我。"

坐在沙发上，金发女郎说她和丈夫最近刚从非洲旅行回来。"非洲！"卡耐基惊叹，"多么有意思！我一直想看看非洲，但除了有一次在阿尔及利亚待了 24 小时，我从没去过。告诉我，你是否去过那个狩猎王国？真的，我多羡慕你，请把非洲的情况告诉我。"

45 分钟就这样过去了。这位女郎一次也没有问卡耐基到过什么地方，看到什么。其实她并不想听卡耐基谈论他自己的旅行，她所要的只是一个感兴趣的听众，听她滔滔不绝地讲述曾经到过的地方。

这位女郎与众不同吗？不是，许多人都像她那样，都有一种倾诉以及渴望被聆听的欲望。所以，在谈到沟通的艺术时，卡耐基说："最重要的是聆听，在你开口告诉别人你有多棒之前，你一定要先聆听。然后你才能开始认识别人，与别人交谈，千万别高人一等。多跟别人交谈，用心倾听，不要太快下决定。"

简单地说，世界上任何人都喜欢有人听他说话，只有对于听他说话的人，他才会有反应。聆听也是尊重的一种最佳表示，表示我们看重他们。我们等于是在说："你的想法、行为与信念对我都很重要。"

很奇妙的是，要想说服别人赞同你的想法，最好的办法是听听他的意见，美国前总统约翰逊的国务卿鲁斯克经过几十年与全世界最顽强的政治领袖谈判的经验，学会了"聆听，是以你的双耳去说服他人"。没错，要说服别人赞同你的想法，聆听确实是强而有力的工具。

拥有私人银行桑德斯·卡普公司的银行家汤姆·桑德斯说："说服的关键在于先了解对方，他的价值观以及他对投资的看法，再决定你是否能诚实地说出我们的投资方式是正确并对其有利。"

桑德斯协助大企业进行天文数字般的巨额投资。他的首要能力是什么？正是聆听他人。

他说："一切都由聆听开始。他心里到底想怎么样？他为什么不答应？真正的理由到底是什么？"

"我与美国电话电报公司（AT & T）已经维持了25年的关系，而且是很好的关系。我认为真正的聆听功不可没。"

他又说："我可以提供印刷精美的小册子，也可以运用幻灯片，可是，我仍然必须弄清楚什么才能真正吸引对方。他考虑什么？担心什么？他看事情的角度如何？"

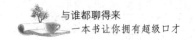
成为积极有效的聆听者之前，首先必须体会聆听的重要性；其次，必须有聆听的意愿；最后，你必须经常练习这种全新的聆听能力。

反之，如果你要知道如何使别人躲开你，在背后取笑你，甚至轻视你，这里也有一个方法：绝对不要听人家讲上三句话，要不断地谈论你自己。如果你知道别人所说的是什么，不要等他说完。他不如你聪明，为什么要浪费你的时间倾听他的闲聊？随时插话，使他住口。

这种人自以为了不起，自以为很重要。只谈论自己的人，所想的也只有自己。"而只想到自己的人，"哥伦比亚大学校长尼古拉斯·巴特斯博士说，"是不可救药的无知者，他没有受过教育，不论他曾上过多好的学校。"

因此，如果你想成为一名优秀的谈话家，就做一个注意听话的人。正如查尔斯·洛桑所说的："要令人觉得有趣，就要对别人感兴趣——问别人喜欢回答的问题，鼓励他谈谈自己和他的成就。"请记住：跟你谈话的人对他自己、他的需求和他的问题，比他对你和你的问题，更感兴趣千百倍。当你下次跟别人交谈的时候，别忘了这一点。

倾听的三个特征

"听"是一个简单而又不简单的动作，似乎只是一个动作，但是它却有很多特征，不同的研究者对于听的特征会从不同的角度去进行研究，而从人际沟通的角度来说，听的特征可以归纳为以下三点。

1. 听是一种复杂而独特的感官功能

听是一种选择性的过程，即我们从周围的刺激中，选择适合自己需求的东西。听的发展分为三个层次，我们之所以会注意去听某些刺激，是因为它们的"突然""强烈"和"对比"；有些刺激是我们训练自己或强迫自己去听；而有些刺激，我们则会很自动地去听。

曾经有一个故事：

一位灯塔看守员，看守一座灯塔。该灯塔除了打信号，还有一支枪会定时自动发射，以警告那些正要靠近这个多岩石海岸的船只。有一个傍晚，那支枪失灵了，灯塔看守员突然醒来，并问道："怎么回事？"

2. 听是一种连续不断的移动过程

那种心不在焉的收听技巧，时常发生在我们身上。成年人往往无法将自己的注意力在数秒内一直集中在某一刺激上，我们的知觉是在瞬间之中不断审查外来的刺激，以寻找那些对我们重要的情报。所以，事实上我们对一项刺激所付出的注意力，都是很短暂的。有时候讲话的人会对听众说："请注意我这里！"但要提高听众的注意力，并不是强迫即可。不管一个信息对我们有多重要，除非我们努力排除其他的思想进入心智，否则难以专心收听。

3. 人的动机和感受对听的效果会产生影响

在所有的沟通情况中，我们的动机和情绪等，都会对沟通效果产生影响。但是，此项因素对"听"的影响尤为显著。当我们能事先决定想从对方的信息中得到何种情报时，就会觉得所听到

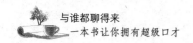
的信息内容更有价值。如果我们具有真正的需要而以诚挚的态度去听别人说话，一定可以促使听的能力显著进步。比如，"失火了！我知道出路，跟我来！"是一种生死关头我们最需要去听的信息，我们将不会错过其中的任何一个字。

不能把注意力集中在某件事上，我们内在的感觉或动机的一种反应——我们对目前的刺激并不满意。另一个不能专心听的理由，可能是我们只希望听到某种情报，而不打算听其他的事情。我们必须把握自己的需要所在，而在听的时候，即使其内容是反调的或令人厌烦的，也应该留意去听，以获取有用的情报。

让"听"和回馈相结合是很有益的。如果我们想要沟通，就应该常常注意我们的听众是否真的在听我们讲话。运用回馈来进行改正，是提高听的能力的好方法。例如，你若认为对方在你说话时会很生气，那么不管他说话的口气如何，你都很可能听到他以生气的口吻说话。因此，在你有所反应之前，你必须对对方回馈，了解他的话中含义，并且确定他是否真的在生气，而不仅仅是你的感觉而已。

倾听的五个层次

在企业内部，倾听是管理者与员工沟通的基础。但是，在现实中，很多人并没有真正掌握"听"的艺术。著名的咨询大师史蒂芬·柯维博士认为倾听主要有五种层次，并且这五种层次是连续的。

第一个层次是完全不用心倾听，我们可以用忽视某人来形容，你心不在焉，只沉迷在自己的世界。

第二个层次是你假装在倾听，你可能会用身体语言假装在听，甚至重复别人的语句当作回应。

第三个层次是选择性地倾听，你确实在聆听，"哦，我记起来了，让我告诉你……我也有同感……对呀，你刚才说的我完全明白，我也曾有过类似的经验……这个我不太清楚"，你确实能够了解对方，但你过分沉迷于你所喜欢的话题，只留心倾听自己有兴趣的部分。

第四个层次是留意地倾听，你能全心全意地凝神倾听，要专心聆听确实要花费不少精力，可惜你始终从自己的角度出发。

第五个层次是运用同理心倾听，就是说撇下你自己的观点，进入他人的角度和心灵。假如我们吸走这房间的空气，这对我们会有什么影响？在有空气时，空气会刺激我们呼吸吗？当没有空气时，是什么推动我们呼吸？缺氧才是刺激我们呼吸的原因。有空气便如同感到被理解，这是人类心灵最深层的饥渴，给予他人心灵的氧气，便会使人对你难以抗拒。

具体而言，想要有效地运用同理心倾听，做好同理心回应，可以遵循以下四个步骤。

第一，重复句子。

第二，重整内容：即把别人的字句意思用新的字句说出来，但必须忠于原意。

第三，反映感受：你只是用心和眼睛来倾听，重视运用肢体语言，你需设身处地，站在对方的立场。

第四，保持静默：对方可以感受到你和他在一起，当你有信心使他感到被了解，而你也知道你了解他，你才采取这种做法。

其他应遵循的原则。

第一，对对方提供的各种信息保持充分的兴趣与敏感性，不

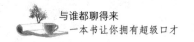
要妄自评断，不要以自我为中心。你自己是有效倾听的最大障碍，容易不知不觉被自己的兴趣和想法所缠住，而漏失了别人想透露的东西。

第二，不要预设立场。如果你一开始就认定对方很无趣或内心已有答案，你就会不断从对话中设法验证你的观点，结果你所听到的都会是无趣的。抱定高度期望值会让对方努力表现出他（她）良好的一面。好的倾听者不必完全同意对方的看法，但是至少要认真接纳对方的话语。点头、并不时说："原来如此""我本来不知道"，说不定他（她）说的是正确的，你或许也可以从中获益。

第三，注重肢体语言。有资料显示，在良好的沟通中，话语只占7%，音调占38%，而非言语的讯号占55%。眼睛注视对方，不时点头称是，身体前倾，微笑或痛苦的面部表情等，都是用肢体语言来表达你的意思。

真正会说话的人，都是出色的听众

一些人总是认为，能说会道的人才是善于沟通的人，其实，善于倾听的人才是真正会沟通的人。注意听，给人的印象是谦虚好学、专心稳重、诚实可靠；认真听，能减少不成熟的评论，避免不必要的误解；善于听，能让你拥有丰富的人脉资源。

人际关系专家研究发现，人际关系失败的原因，很多时候不在于你说错了什么，或是应该说什么，而是因为你听得太少，或者不注意倾听。比如，别人的话还没有说完，你就插嘴，说些不得要领、不着边际的话；别人的话还没有听清，你就迫不及待地发表自己的见解和意见；对方兴致勃勃地与你说话，你却心不在焉、目光斜视。有谁愿意与这样的人在一起交谈呢？

一位心理学家曾说："以同情和理解的心情倾听别人的谈话，是维系人际关系、保持友谊最有效的方法。"可见，说是一门艺术，而听更是艺术中的艺术。

在聆听他人的谈话时，要全神贯注，心不在焉、东张西望是对对方极大的不尊重。你在听时不要表现出对周围发生的事很厌烦或者很感兴趣。对方很在意你对他的谈话内容是否感兴趣，你的东张西望不仅会分散对方的注意力，更重要的是，会使对方觉得你不在乎他，从而伤害了对方的自尊心。所以，无论你是否对对方的话题感兴趣，都应该专心地去听。如果你没有时间听对方说完，你可以采取某种方式暗示，相信对方会谅解，也会适时地中止谈话，这样也不会伤害到对方的感情。

倾听其实并不是消极的行为，而是积极的行为。听者对于交谈的投入绝不亚于说话者。因为，我们如果不能去听懂他人，我们就不可能有针对性地谈话，也不可能成为沟通高手。

倾听会让对方认为你对他是认同和鼓励的，谁都不希望在自己讲话的时候没有人理会，或者总被人打断。你在认真地听别人说话的时候，别人会认为你尊重他、理解他，有利于增进彼此的感情。当别人意识到你乐于倾听他们的意见时，他们会有意无意和你接近，否则你很容易被排除和孤立。

要做一个倾听者，因为倾听比雄辩更能吸引人，那么，怎样做到有效倾听呢？

1. 全神贯注地倾听

倾听时要精神集中，神情专注。为表示自己注意倾听，要多与对方交流目光，别人讲话时要适时点头，并发出"是""对""哦"

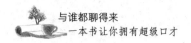
等应答。但不要轻易打断别人的谈话，也不要随便插话，若非插话不可，要先向对方表示抱歉，并征得对方同意，如"对不起，我可以提个问题吗"或"请允许我打断一下"。

2. 不妄下论断

交谈中要尊重对方的观点，特别是对方还没有充分地把自己的意思表达清楚的时候，不要轻易表态，也不要挑剔批评，否则会让人觉得你有一种优越感，从而影响交谈的进行。

细心聆听，少说话

美国艺术家安迪渥荷曾经告诉他的朋友说："我自从学会闭上嘴巴后，获得了更多的威望和影响力。"可见，与人沟通时，第一要先学会少说话。但少说并不是完全不说。少说是既要说话，又要说得少，且说得好，这才是好口才。因为言多必失，说得越多，越显得平庸，说出蠢话或危险话的概率就越大。

有这样一则故事。

1825 年，新的沙皇尼古拉一世登基时，立即爆发了一场自由分子领导的叛乱。他们要求俄国实现现代化——意思是俄国的工业和国内建设必须赶上欧洲的其他国家。

当然，尼古拉一世残忍地平定了这场叛乱，同时判处其中一名领袖李列耶夫死刑。

行刑的那一天，李列耶夫在一阵摆弄后，绳索断裂了，他猛然摔落在地上。在当时，类似这样的事件会被当成是天意或上帝恩宠的征兆，犯人通常会得到赦免。

李列耶夫站起身时，满身的淤青和土，但在确信保住了脑袋后，他向着人群大喊：“你看，在俄国他们不懂得如何正确做任何事，甚至连制绳索也不会。”

一名信使立即前往宫殿报告绞刑失败的消息。虽然懊恼于这令人失望的变化，尼古拉一世还是提笔签署了赦免令。

“奇迹发生之后，李列耶夫有没有说什么？”沙皇询问信使。

“陛下，”信使回答，“他说在俄国，他们甚至不懂得如何制造绳索。”

“这样，”沙皇说，“让我们来证明事实相反。”于是他撕毁了赦免令。

第二天，李列耶夫再度被推上绞刑台。这一次绳索没有断裂。

李列耶夫就是祸从口出，只为一时痛快的一句话，断送了一条命，如果李列耶夫泉下有知，他将明白他一生中最大的不幸就是说了“俄国连绳子也不会做”这样一句话。

要想说话少出错，务必做到：一是多听少说；二是绝不轻言人事是非；三是话不说死，留有余地。总而言之，谨言慎行绝非易事，没有相当的历练和修养是难以做到的。这需要我们时时修炼，管好自己的嘴巴，避免言不由衷，言不及义，弄巧成拙，祸从口出。

记得有这么一个故事：越国有一个人大摆筵席，宴请宾客。

时近中午，还有几个人未到。他自言自语地说：“该来的怎么还没来？”

听到这话，有些客人心想：“该来的还不来，那么我是不该来的了？”于是起身告辞而去。

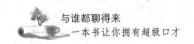
这个人很后悔自己说的话，连忙解释说："不该走的怎么走了？"

其他的客人心想："不该走的走了，看来我是该走的！"于是也纷纷起身告辞而去，最后只剩下一位多年的好友。

好友责怪他说："你看你，真不会说话，把客人都气走了。"

那人辩解说："我说的不是他们。"

好友一听这话，顿时心头火起："不是他们！那就是我了！"于是长叹了一口气，也走了。

上述例子中，越国人就是因为不会说话而得罪了宾客。因此，无论在什么场合、什么情况下都不能信口开河，说话之前要三思！

为什么人有两只眼睛、两个耳朵、两只手，却只有一张嘴巴呢？这就是让人要多看、多听、多做，少说话。一句话说得不妥，轻则会破坏人与人之间的良性互动，重则会导致事业的失败。不会说就少说，否则就必然会给自己的生活和事业带来不利的影响。

勿在别人面前喋喋不休

嘴巴能安慰一个人，也能伤害一个人。当你管不住嘴巴，没完没了地自说自话时，你就如同一只苍蝇一样，令听者感到厌烦，你将很难给任何人留下好印象。

100多年以前，美国著名的罗克岛铁路公司打算建一座大桥，把罗克岛和达文波特两个城市连接起来。当时，轮船是运输小麦、熏肉和其他物资的重要工具。所以，轮船公司把水运权当成上帝赐予他们的特权。一旦铁路桥修建成功，自然也就断了他们的财路。因此，轮船公司竭力对修桥提案进行阻挠。于是，美国运输史上最著名的一个案子开庭了。

时任轮船公司的辩护律师韦德，是当时美国法律界很有名的铁嘴。法庭辩论的最后一天，听众云集。韦德站在那儿滔滔不绝，足足讲了两个小时。

等到罗克岛铁路公司的律师发言时，听众已经显得非常不耐烦了。这正是韦德的计谋，他想借此击败对手。然而，大令韦德意外的是那位律师只说了1分钟——不可思议的1分钟，这个案子就此闻名。

只见那位律师站起身来平静地说："首先，我对控方律师的滔滔雄辩表示钦佩。其次，陆地运输远比水上运输重要，这是任何人都改变不了的事实。陪审团，你们要裁决的唯一问题是，对于未来发展而言，陆地运输和水上运输哪一个更重要？"片刻之后，陪审团做出裁决，建桥方获胜。那位律师长得高高瘦瘦的，衣衫简陋，他的名字叫作亚伯拉罕·林肯。

韦德之所以用两个小时滔滔不绝，既是为了炫耀自己的口才，也是存心在拖延时间，好让林肯在发言的时候让听众感到厌烦。但是他不仅错估了听众厌烦的程度，而且也低估了对手林肯的机智反应。这样一来，相比较林肯的言简意赅，韦德的慷慨陈词不但没能加深陪审团的印象，反而愈发显得惹人生厌。

如何以最简单的语言表达最清楚的意思，是说话的一个难题。在推销中，这方面也显得尤为突出。当一个素不相识的推销员向你推销时，你一般不会轻易接受，如果他喋喋不休，则更加令人难以忍受。所以，言简意赅是谈话时需要特别注意的原则。

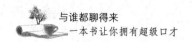

著名推销员克里蒙·斯通说："起初，我一直试着向每一个人推销。我赖在每一个人面前不走，直到把对方烦得累垮。而我在离开他之后，也是筋疲力尽。"很显然，这样做的效果对于推销业绩无所助益。

后来，克里蒙·斯通决定："并不一定要向每一个我拜访的人推销保险。如果推销的时间超过预定的长度，我就要转移目标。为了使别人快乐，我会很快地离开，即使我知道如果再磨下去他很可能会买我的保险。"

谁知，这样做竟然产生了奇妙的效果，克里蒙·斯通的订单竟然与日俱增。因为有些人本来以为他会磨下去的，但当他愉快地离开他们之后，他们反而会来找他，并且说："你不能这样对待我。每一个推销员都会赖着不走，而你居然不再跟我说话就走了。你回来给我填一份保险单。"

任何人都不喜欢别人喋喋不休地向自己宣传，也不希望对方夸夸其谈、毫不在意自己的感受。在有些场合，你在发表自己的言论时，其实决定权在对方的手中，因为他是受众，当他肯定了你的言论，你说的话才是有效可行的。

喋喋不休只会让人心烦，对你失去耐心与信任，由此产生强烈的逆反心理，所以，如果你经常啰唆不已，就要记得提醒自己不要去浪费别人的时间。

适时闭嘴，利用沉默影响他人

许多人喜欢让别人听自己说话，却不太喜欢听别人说话，如果你在无意中也存在这样的情况，那么请记得，上帝给了我们两只耳朵一张嘴。我们有权说话，他人也一样，当你要求他人倾听你时，你也要懂得倾听他人。

例如，在求职就业中，大多数人常犯的最大错误就是高谈阔论，缺少倾听的耐心，因此很可能失去工作的机会。

有一个合资单位的经理到某大学去招聘职员，他对 20 多名大学生进行了反复核查，从中挑选出了 3 名大学生进行最后的面试。其中有 2 名大学生在经理面前夸夸其谈，提出一大堆的建议和设想。而另一个学生则与他们相反，在面试时，一直耐心倾听经理的见解和要求，很少插嘴，只有当经理询问时，他才回答，而且很简练，在面试结束时，他委婉地说道："我很重视您的要求，也非常赞同您的见解。如果我能被录用的话，还望您今后多多指导。"3 天后，这位善于倾听的大学生接到了录用通知，而那 2 名夸夸其谈者则被淘汰了。

在推销中，常有这样的现象：如果推销员在推销产品时，70％的时间是他在讲话，顾客只能得到 30％的讲话时间，那么这样的推销员业绩平平。而顶尖的推销员早就总结出了一条规律：如果你想成为优秀的推销员，建议你把用于听和说的比例调整为 2：1，70％时间让顾客讲话，你倾听；30％时间自己用来发问、赞美和鼓励他说——这就是"两只耳朵一张嘴"法则。

在与别人交谈时，如果你发现自己说得有点多了，那么请当机立断，闭上嘴巴。谈吐不一定总能让你受到尊敬，而耐心倾听总是会轻易为你挣得别人的青睐。以下是需要注意的地方。

（1）不要说个没完。当对方脸上露出不太愉快的表情时，

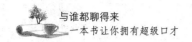
你就应知道你该闭嘴了。

（2）多做性格修炼。平时看书、饮茶，都是修养心性的好方法，这些事情会让你变得更加有耐心，有助于谈话时能安静下来聆听别人讲话。

（3）尽量克制自己打断他人的习惯。有效且巧妙的打断会让你找回正题，而无礼的打断只会让你遭人厌恶。

（4）配合对方的谈话。经常用感叹词或肯定词来赞美和肯定他人的话，也是倾听的方式，并且还能为你赢得他人的欢心。

用倾听化解危机

一次成功的商业会谈的秘诀是什么？注重实际的学者以利亚说："关于成功的商业交往，没有什么神秘的——专心注意对你讲话的人极为重要。没有别的东西会如此使人开心。"你无须读MBA也可以发现这一点。我们知道，如果一个商人租用豪华的店面，陈设动人的橱窗，为广告花费千百元钱，然后雇佣一些不会静听他人讲话的店员——中止顾客谈话、反驳顾客、激怒顾客，甚至几乎要将顾客驱出店门。他们的店面布置再豪华，恐怕过不了多久也是要关门的。

莫顿的经验可谓是极好的一例。他曾讲过这么一个故事。

莫顿在新泽西的一家百货商店买了一套衣服。这套衣服令人失望：上衣褪色，把他的衬衫领子都弄黑了。

后来，他将这套衣服带回该店，找到卖给他衣服的店员，叙述了事情的详情。他想诉说此事的经过，但却被店员打断了。"我们已经卖出了数千套这种衣服，"这位售货员反驳说，"你还是第一个来挑剔的人。"

正在激烈辩论的时候，另外一个售货员加入了。"所有黑色衣服起初都要褪一点颜色，"他说，"那是没有办法的，这种价钱的衣服就是如此，那是颜料的关系。"

"这时我简直气得发火，"莫顿先生说，"第一个售货员怀疑我的诚实，第二个暗示我买了一件便宜货。我恼怒起来，正要骂他们，突然间经理踱了过来，他懂得他自己的职责。正是他使我的态度完全改变了。他将一个恼怒的人，变成了一位满意的顾客。他是如何做的？他采取了三个步骤：

"第一，他静听我从头至尾讲我的经过，不说一个字。

"第二，当我说完，售货员们又开始要插话发表他们的意见的时候，他站在我的立场上与他们辩论。他不但指出我的领子明显是为衣服所染，并且坚持说，不能使人满意的东西，就不应由店里出售。

"第三，他承认他不知道毛病的原因，并率直地对我说：'你要我如何处理这套衣服呢？你说什么，我都会照办。'

"就在几分钟以前，我还预备要告诉他们收回那套可恶的衣服。但我现在回答说：'我只要你的建议，我要知道这种情形是否是暂时的，是否有什么解决办法。'

"他建议我这套衣服再试一个星期。'如果到那时仍不满意，'他应许说，'请您拿来换一套满意的。使你这样不方便，我们非常抱歉。'

"我满意地走出了这家商店。到一星期后这衣服没有毛病。我对于那商店的信任也就完全恢复了。"

一个挑剔的人，甚至最激烈的批评者，也会在一个忍耐、同

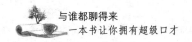

情的静听者面前软化降服——这位静听者在气愤的寻衅者像一条大毒蛇张开嘴巴吐出毒物一样的话语时也要静听。

　　纽约电话公司数年前应付过一个曾咒骂接线生的最险恶的顾客。他咒骂，他发狂，他恫吓要拆毁电话，他拒绝支付某种他认为不合理的费用，他写信给报社，还向公众服务委员会屡屡申诉，并使电话公司收到数起诉讼。

　　最后，公司中的一位最富技巧的"调解员"被派去访问这位暴戾的顾客。这位"调解员"静静地听着，并对其表示同情，让这位好争论的老先生发泄他的满腹牢骚。

　　"他喋喋不休地说着，我静听了差不多3小时，"这位"调解员"叙述道，"以后我再到他那里，继续听他发牢骚，我访问他4次，在第4次访问完毕以前，我已成为他正在创办的一个组织的会员，他称之为'电话用户保障会'。我现在仍是该组织的会员。有意思的是，就我所知，除某先生，我是世上唯一的会员了。

　　"在这几次访问中，我静听，并且同情他所说的任何一点。我从未像电话公司其他人那样同他谈话，他的态度几乎变得友善了。我见他要办的事，在第一次访问时，没有提到，在第二、第三次也没有提到，但在第四次，我整个地结束了这一案件，使所有的账都付清了，并使他在与电话公司为难的经过中，第一次撤销他向公众服务委员会的申诉。"

　　无疑地，某先生自认为正义而战，保障公众权利、不受无情的剥削，但实际上，他要的是自重感。他先经由挑剔抱怨得到这种自重感，但在他从公司代表那里得到自重感后，他的不切实际的冤屈便消失得无影无踪了。

由此可见，当你遇到危机时，你唯一能做的就是做一个善于倾听的人，鼓励别人谈论他们自己的观点。

聆听是褒奖对方谈话的一种方式

受人喜爱的人，从来不会忽视他人的意愿，也不会认为强迫他人接受自己的主张是对的。

任何一个人都不喜欢被迫去做事，当有人强迫我们时，我们一定会产生强烈的逆反心理。如果一个人一直发表高论，却不肯听听别人的话，那么我们一定会想："你尽管说你的长篇大论，关我什么事？"

一个封住别人的嘴巴、只管自己滔滔不绝的人，就好比向装满水的容器继续倾注水，这是没有效果的，唯有让对方将满肚子的话倾吐出来，他才能听得进你所说的话。

每一个人都具有强烈的自我主张和表现欲，所以客户高谈阔论，一定比乖乖做一个推销员的听众要过瘾得多。如果有一个人诚恳地听他说话，他一定会对这个人产生好感，因为他觉得找到了知音和尊严。

"我很快发现不能谈论自己，而是让人们向我谈论他们自己。90％的顾客向我推销他们自己——如果我让他们开口讲话的话。他们很高兴卖弄自己的学识，很喜欢告诉我关于古董的一些事情，然后他们就会买下商品。后来，我总结了一条达成交易的规律，叫作填补自我。当顾客走进来时，我把东西拿给他们看，做几点评论，然后坐回来问他们有什么看法。他们通常会很骄傲地告诉我他们所知道的，在这个过程中，顾客对自己有个很好的估计，

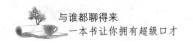

对我亦是如此。我们的生意以友谊、互利为特色，我填补了自我。"

这段发人深省的肺腑之言出自一位古董爱好者之口，在被人预言 6 个月之内定会破产后，她竟然在两年时间内使古董店投资翻了 50 倍。假如要问推销的诀窍，归纳起来就是：倾听客人说话。

所有高明的推销员，都躬身实践这个原则而获得了丰硕的成果。百货店的柜台小姐亦同，当客人有所批评或抗议时，与其费尽唇舌说明解释，不如静静地听客人诉说，即使再严重的抗议，我们只要谨守静听的原则，对方就会觉得满足。不是你口若悬河地说，而是尽量让对方说。当我们如此请教别人时，不仅表示我们承认他的价值，让他有被重视的感觉，同时也满足了他喜欢表现的欲望。他心里会十分愉快，对这件事情也就兴趣盎然了。

倾听的目的或好处不仅仅是使对方内心愉悦，你也是直接受益者。倾听对方说话，是了解对方内心所想最简单的办法，静听别人说话，你才能抓住说服对方的重点所在。

只是一味地说，而无重点的说服，就如同手执铁锤，不钉钉子，只敲击旁边的木板一样，有什么意义呢？欲钉铁钉，必须不偏不倚地敲打最重要的地方，否则不是钉不住，就是钉歪了。所以，静听别人说话，才能从中掌握说服的要点，最后把话说到点子上，一举成功。

不过，倾听要求你必须要有耐心。因为心理学家统计指出，我们的说话速度是每分钟 120 ～ 180 个字，而大脑思维的速度却是它的 4 ～ 5 倍。所以，对方往往还没说完，我们就已经理解了，或对方只说了几句话，我们就已知道了他要说的全部意思。这时，思维就容易开小差，同时会表现出心不在焉的下意识动作和神情，以致对对方的话语听而不闻。

当说话者突然问你一些问题和见解时，如果你只是毫无表情地缄默，或者答非所问，对方就会十分难堪和不快，觉得是在对牛弹琴。越是善于耐心倾听他人意见的人，沟通成功的可能性就越大，因为聆听是褒奖对方谈话的一种方式，这是会说话的另一种表现。

竖起耳朵，听出对方的弦外之音

与人沟通，耳朵要灵敏要注意听出对方的弦外之音，捕捉到对方心里最真实的想法。很多人喜欢间接地表达自己的态度，如果我们不竖起耳朵仔细辨别，就会造成尴尬局面。

编辑郑阳约作家张兴为刊物写一篇稿子，恰巧编辑部召开会议，于是便也邀请了张兴。张兴刚一进会场，郑阳就冲了过去："太好了！太好了！我一直在等您的稿子呢！"

"糟糕！"张兴一拍脑袋，拱手说，"抱歉！抱歉！稿子落在家里，忘记带了。"接着他又拍拍郑阳的肩膀："明天，明天上午，您派人来拿，好吧？"

"没关系！"郑阳一笑，"不用等到明天，我一会儿开车送您回去，顺便拿。"张兴一怔，也笑笑："可惜我等会儿不直接回家，还是明天吧！"

会议结束后，郑阳到停车场开车回家。转过街角，他看见张兴和另一个作家陈虎在等出租车。郑阳摇下车窗热心地问："到哪儿去呀？"陈虎说："陪张兴回家。"郑阳一听，马上停下车将张兴和陈虎拉上车，边开边说："我送您回家，顺便拿稿子。"

"我家巷子小，尤其一到这假日，车停得满满的，不容易进去。"张兴拍拍郑阳说，"您就把我们放在巷口，我明天上午把稿子给您

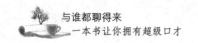
送去。"谁知郑阳说自己顺路，一定要去，他硬是转过小巷子，一点一点往里挤，开到了张兴的门口。

"我还得找稿子呢！再说这巷子不好停车。"张兴有点着急了。"没关系，您不是说放在桌子上吗？"郑阳回答。正说着，后面的车子已经按响喇叭催促了。

"你还是别等了吧！"张兴一拍车窗，不好意思地说，"告诉您实话，我还没写完呢。"郑阳这才明白过来，闹了个大红脸。

张兴再三找借口推辞，郑阳居然硬是没有听出他"我还没写完"的弦外之音，结果造成了尴尬的局面。

很多人在特定的环境中不方便表示自己的直接观点，于是便间接地表达。这时，用心倾听，加以辨别和分析，是非常重要的。因此，我们应该根据交往当时的情景，联系交往对方平时的为人，分辨出对方的言外之意，弦外之音。

除了通过倾听听出弦外之音，我们还可以从对方的话里听出其他信息。

1. 措辞的习惯流露出的"秘密"

一个人的语言反映其出身和阶层，此外，人的措辞也能表现出其深层心理。比如，习惯使用第一人称单数的人，独立性和自主性强，因此和他们谈话不要针锋相对，需要适当表示赞同。

2. 说话快慢所传递的信息

其实最能反映人心的还是语速的变化，如当双方沟通时，其中一方心怀不满或者持有敌意，那人的说话速度就会变得迟缓。如果有愧于心或者说谎时，其说话的速度就会快起来。我们经常能看到这样的例子，一个男人每天下班都按时回家，而某天他下班后和同事一起消遣去了，回到家时，他马上跟老婆说他加班了，而且诅咒工作繁忙。在这个过程中，他的语速一定会比平常快，因为快速说话可以缓解内心潜在的不安。

3. 音调抑扬顿挫背后的心理

当两个人意见相左时，一个人提高说话的音调，即表示他想压倒对方。因此，在和人说话时，对方的音调变化也是你要留意的。

应记住：一个人的实质，不在此人显露的一面，而在此人所不愿显露的一面。

想了解一个人，就不仅要听此人说出的话，更要听其话外话。

掌握插话的技巧

在倾听过程中如何插话，才有助于我们达到最佳的倾听效果呢？一般来说，我们应根据不同对象，采取不同的方法。

当对方在同你谈某事，因担心你可能对此不感兴趣，显露出犹豫、为难的神情时，你可以伺机说一两句安慰的话：

"你能谈谈那件事吗？我不十分了解。"

"请你继续说。"

"我对此也是十分有兴趣的。"

此时，你说的话是为了表明一个意图：我很愿意听你的叙说，不论你说得怎样，说的是什么。这样能消除对方的犹豫，坚定他倾诉的信心。

当对方由于心烦、愤怒等，在叙述中不能控制自己的感情时，你可用一两句话来疏导：

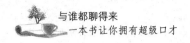

"你一定感到很气愤。"

"你似乎有些心烦。"

"你心里很难受吗？"

说这些话后，对方可能会发泄一番。因为，这些话的目的就是把对方心中郁结的一股异常情感"诱导"出来，当对方发泄一番后，会感到轻松、解脱，从而能够从容地完成对问题的叙述。值得注意的是，说这些话时不要陷入盲目安慰的误区。你不应对他人的话做出判断、评价，说一些诸如"你是对的""你不应该这样"的话。你的责任不过是顺应对方的情绪，为他架设一条"输导管"，而不应该"火上浇油"，强化他的抑郁情绪。

当对方在叙述时急切地想让你理解他的谈话内容时，你可以用两句话来综述对方话中的含义：

"你是说……"

"你的意见是……"

"你想说的是这个意思吧……"

这样的综述既能及时地验证你对对方谈话内容的理解程度，加深对其的印象，又能让对方感到你的诚意，并能帮助你随时纠正理解中的偏差。

以上三种倾听中的谈话方法都有一个共同的特点，即不对对方的谈话内容发表判断、评论，不对对方的情感做出是与否的表示，始终处于一种中性的态度上。有时在非语言传递的信息中，你可以流露出你的立场，但在语言中切不可流露，这是一条重要界限。如果你试图超越这个界限，就有陷入倾听误区的危险，从而使一场谈话失去了方向和意义。